TAG UM TAG IST GUTER TAG
Kreuzzug gegen Nöte und Ängste

WLADIMIR LINDENBERG

Tag um Tag ist guter Tag

Kreuzzug gegen Nöte und Ängste

ERNST REINHARDT VERLAG MÜNCHEN/BASEL

CIP-Kurztitelaufnahme der Deutschen Bibliothek

Lindenberg, Wladimir
Tag um Tag ist guter Tag: Kreuzzug gegen Nöte und
Ängste. — München, Basel: E. Reinhardt, 1976.
ISBN 3-497-00804-4

ISBN 3 497 00804 4

2. Auflage (7.–12. Tausend) 1977

© 1976 by Ernst Reinhardt Verlag in München
Buchdruckerei Loibl, Neuburg/Donau
Printed in Germany

Im zehnten Jahrhundert, zur Zeit als die Nonne Roswitha in Gandersheim wirkte, der Mönch Notker Balbulus in St. Gallen die Sequenz schrieb: »*Mitten wir im Leben sind von dem Tode umfangen*« *und in Arabien die Geschichten von* »*Tausend und eine Nacht*« *entstanden, lebte in China ein Weiser namens Yün Men. Er versammelte Schüler um sich in einem Chan-Kloster im Süden des Landes. Während einer Lehrstunde sprach er zu ihnen:* »*Nach den letzten fünfzehn Tagen frage ich euch nicht, zu den nächsten fünfzehn Tagen sagt mir ein besonderes Wort und redet*«.

Als sich niemand aus dem Kreise der Schüler meldete, sagte er selbst: »*TAG UM TAG IST GUTER TAG*«.

Nicht alle Schüler begriffen das Wort. Einer der Schüler fragte dagegen: »*Was für eine Zeit ist das, wenn die Bäume sich verfärben und die Blätter fallen?*«

Yün Men erwiderte: »*Dann legt der goldene Wind sein ganzes Wesen bloß.*«

Der versteckte Sinn der Frage dieses Schülers gilt dem vergehenden Leben: Die Bäume verfärben sich, die Blätter fallen; wie sie vergehen, so wird alles, auch wir selbst dahingehen und verwehen. Auch das ist, sagt Yün Men, der goldene Wind, von dem ein altes Frühlingslied singt:

»*Der goldene Wind streut weithin Wonnezeit . . .*«

In seiner wunderbaren Schönheit wie in seinem Schrecken, er ist und bleibt für Yün Men der goldene Wind.

»*Dann legt der goldene Wind sein ganzes Wesen bloß*« *. . . Im kahlen Stamm und in den Ästen erkennt* *man das Skelett des Baumes, wie er vom Schöpfer ursprünglich erdacht wurde. Das Skelett mit Wurzel, Stamm und Krone, mit dem inneren Kern, der Borke, mit den Wachstumsringen und den Adern ist der Schöpfungsplan; das geheime Wesen wird in seiner Konstruktion offenbar. Alles ist wunderbar und schön und wichtig.*

So ist jedes von Gott geschaffene Ding, jeder Organismus, jeder Zeitablauf gut und richtig und lebensnotwendig.

Möge das tausendjährige Wort des Meisters Yün Men in den Herzen der heutigen Menschen lebendig bleiben, lebendig werden.

Sind Sie schon einmal am Strand des Meeres spazierengegangen, genau auf der Linie, wo die anbrandenden Wellen gegen den Sand stoßen, Gischt und Sand und Muscheln und kleine Steinchen gegen den Strand werfend? Konnten Sie dem Wunsch widerstehen, sich zu bücken und die schönen, glänzenden, fast durchsichtig aussehenden Steinchen oder Muscheln aufzusammeln? Sie betrachteten sie liebevoll in ihrer Hand, Sie steckten sie in die Tasche und manchmal brachten Sie diese Schätze mit nach Hause und schwelgten in Erinnerungen.

Ich möchte Sie zu einem solchen Spaziergang mitnehmen und mit Ihnen diese Steinchen aufsammeln und sie bewundern; bewundern die endlose Vielfalt, die die Natur spielerisch erzeugt. Jedes dieser Gebilde ist ein Wunder, eine Freude, ein Gedanke.

So, wie wir solche Steinchen am Strande sammeln, möchte ich Ihnen aufkeimende Gedanken, Erinnerungen, Assoziationen über die unendliche Variation der Erlebnisse in jedem Alltag und über die vielfältigen

Freuden, die uns der Alltag schenkt oder die wir in uns erzeugen, mitteilen.

KEIN TAG GLEICHT DEM ANDEREN

Wir kennen nicht den Anfang der Tage der Welt, auch nicht den Anfang der Tage unserer Erde. Alles ist in stetigem Wandel begriffen. Schauen wir in das Rohr eines Kaleidoskops, so gleicht kein Bild dem anderen. Die Vielfalt und die Variationen sind nahezu unendlich. Wahrscheinlich gleichen nicht einmal ein Bakterium oder ein Virus eines dem anderen, geschweige denn ein Blatt, eine Blüte, ein Tier oder ein Mensch. Nur dem Menschen ohne Phantasie erscheinen die Zeit oder die Tage ohne Unterschied.

Wir wissen nicht, aus welchen Regionen wir kommen. Wir vergessen im Laufe der Jahre unsere frühe Kindheit, sie wird uns so fremd, als ob wir sie nicht selbst erlebt hätten. Und im Alter beginnen wir die Gegenwart zu vergessen, sie entzieht sich uns. Und doch gehört alles Erlebte uns, uns allein, und jeder Mensch hat seinen Schatz an Erlebtem, einen anderen Schatz als jeder andere.

Wenn wir auf unser gelebtes Leben zurückblicken, Strecke um Strecke zurückschreiten, erfahren wir etwas, das wir im aktuellen Erleben nie erfahren, nämlich, daß ein roter Faden durch unser Leben geht, daß uns an irgendeinem fernen Punkt Antwort wird auf eine Frage, die wir uns irgendwann gestellt hatten, die wir aber damals nicht beantworten konnten. Fast drängt sich uns das Bild eines komplizierten Fahrplans mit Eisenbahnzügen, Bussen, Flugzeugen, Schiffen auf, die uns auf unseren Wunsch irgendwohin bringen, oder das Bild einer Landkarte. Kein Ort, keine Zeit, keine Landschaft gleicht der anderen. Alles ist neu und erregend unbekannt.

Wir stehen in einem Abenteuer, und dieses Abenteuer ist unser Leben. Es kann ungeheure Weiten umfassen, und es kann sich in den vier Wänden unseres Zimmers abspielen. Der belgische Dichter Joris Karl Hysmans (1848—1907) beschreibt in seinem Roman »Au Rebour« einen Aristokraten, der sich auf eine Weltreise vorbereitet. Unterwegs zum Bahnhof läßt er den Kutscher umkehren, begibt sich in sein Haus zurück und beginnt eine Weltreise in der Phantasie; alles, was er durch die Fenster und in seinen Räumen wahrnimmt, wird ihm Anlaß zu ungeheueren und erregenden Erlebnissen. Eine Welt des Innen tut sich ihm auf, von der er vorher nichts geahnt hatte.

Ein Jahrhundert früher schrieb der Franzose Comte Xavier de Maistre (1763—1852) sein anmutiges und anregendes Buch »Voyage autour de ma chambre« (Reise durch mein Zimmer). Hier wie dort eine große Reise im kleinsten Bezirk. Es ist die Phantasie, die uns begeistert und Dinge erleben läßt. Eine Bekannte sagte mir einmal: »Wenn ich eine Stunde mit der Straßenbahn in München fahre oder einkaufen gehe, erlebe ich viel mehr als mein Mann, der nach Marokko reist.«

Es geht um die Qualität des Erlebens, um die Bereitschaft dazu, die Offenheit, alle Fülle in sich aufzunehmen und zu verarbeiten. Nur in solcher Verfassung wird der Mensch leicht und beglückt. Der Dichter Friedrich Hölderlin (1770—1843) schreibt: »Wie mit den Lebens-

zeiten, so ist es auch in den Tagen; keiner ist uns genug, keiner ist ganz schön und jeder hat, wo nicht seine Plage, doch seine Unvollkommenheit, aber rechne sie zusammen, so kommt eine Summe Freude und Leben heraus.«

Im Mittelalter, noch ehe der Buchdruck erfunden wurde, gab es von Mönchen fein kalligrafisch geschriebene und wunderbar ausgemalte Stundenbücher — Gebetssammlungen für die persönliche Andacht, nach Stunden und Festtagen geordnet. An den Rand der Seiten malten die Mönche possierliche Gestalten aus ihrer Phantasie, herrliche Gewächse, Früchte und allerlei Tiere in köstlichen Verrenkungen und Spielen miteinander, oder gar kleine Teufel und Enkel von Teufeln. Sie entsprachen durchaus nicht dem Ernst des Gebets, aber »das Kind im Manne«, das spielen will, zauberte diese Gebilde hervor. Jedem Monat ging eine Miniatur voraus, die ihn mit seinen Eigentümlichkeiten, Freuden und Leiden, Geburt und Tod, Krankheiten, Kriegen, Tätigkeiten und Lustbarkeiten darstellte. Es war für die Alten, die das Stundenbuch benützten, und für uns Heutige, die eine Reproduktion davon zur Hand nehmen können, ein wahrer Genuß, solche Reisen durch den Monat sichtbar zu erleben.

Ich möchte mit Ihnen eine solche Reise durch die Monate machen und Ihnen aus eigenem Erleben sagen und zeigen, wie viele Wonnen in einem solchen Tag, einem Monat, einem Jahr verborgen sind. Man könnte mit dem Begriff des Kirchenjahres anfangen. Ich wählte mir aber unseren dunkelsten Monat, den November.

Die Gezeiten

NOVEMBER · DER UMKREIS DES TODES

Der November ist dem Tode und dem Gedenken an die Toten geweiht. Da ist Allerseelen und Allerheiligen, Buß- und Bettag, Volkstrauertag und Totensonntag.

Die Menschen gehen an die Gräber ihrer lieben Verstorbenen. Mit welcher Sorgfalt schmücken sie die Grabstätten. Ein Zyniker wird vielleicht sagen: »Alles Schablone, bloßes Geschäft, alles nur damit die Blumengeschäfte verdienen; wo bleibt da die innere Einkehr?!« Aber die innere Einkehr bedarf immer eines äußeren Symbols. Alles im Leben ist in ein Tun und Handeln gehüllt. In dem bedächtigen Zuschneiden der Tannenzweige und der Blumen, dem kunstvollen Aufstecken, der Freude am Tun ist zugleich eingewoben das Gedenken an die Verstorbenen, die Dankbarkeit, die Er-Innerung, das Er-Lebnis der Gemeinsamkeit. Es kann so lebendig werden, daß man die unsichtbare Gegenwart des Anderen spürt. Diese Tage, von denen manche, die sie nicht recht begreifen, meinen, es seien traurige Tage, sind voller Stille und Würde und sind der Rückerinnerung gewidmet. Es ist wichtig, daß der Mensch in seiner Vorstellung nicht nur auf seine Zukunft hinlebt, er muß streckenweise verhalten und zurückschauen, das Erlebte und das Getane wieder und neu erleben, es werten und ihm neue Akzente abgewinnen. Auch unsere Vergangenheit wächst und verändert sich mit uns.

Dann ist da der Bußtag, von Martin Luther eingesetzt. Unser gebräuchliches Wort »Buße« hat etwas mit Büßen und den Sünden zu tun. Bei Paulus, im Griechischen, heißt es: »metanoiete« – denkt um! Das ist mehr als unser Büßen; es ist die Revision unserer Gesinnungen, Verhaltensweisen und Taten, eine Gewissenserforschung, die so weit geht, daß wir umdenken, daß wir uns von unguten Verhaltensweisen lösen und uns vornehmen, ein »neuer Mensch« zu werden. Es wird uns im Anprall des Lebens gegen unsere Person nicht immer gelingen, aber wenn es uns gelingt, die Einmaligkeit des Bußtages oder des Tages der Brüderlichkeit im Jahr auszudehnen auf alle Tage des Jahres, so könnte das Wunder der Geburt des neuen Menschen in uns, in jedem von uns geschehen.

Dann steigert sich das Gedenken an die Toten im globalen Maßstab: der Heldengedenktag und der Volkstrauertag. Es geht nun nicht mehr um die wenigen individuellen Toten unserer Familie, es geht um alle, die in den unsinnigen Kriegen ihr Leben für ihr Vaterland gaben, jeder für das seine. Wer ist Feind, wer ist Freund? Kaum haben die Kriege aufgehört, schon wechseln die Fronten: die Freunde von gestern sind die Feinde von heute und umgekehrt, und wenn es sein muß, kämpfen wieder die Menschen in anderen Gruppierungen gegeneinander und werden sich der Groteskheit der Situation nicht einmal bewußt.

Man gedenkt vieler Helden, jener, die im Kampf gegen den »Feind« gefallen sind, und jener, die, von Diktaturen als Feinde betrachtet, bestialisch umgebracht wurden; ihre Zahl übersteigt die Zahl der Kriegshelden. Es sind Helden ihres Gewissens und Helden im Erdulden; ihre Vorbilder liegen weit zurück in der Geschichte. Man findet sie bei den Makkabäern und bei Bar Kochma; das Christentum ist erstanden aus dem Tod Christi und aller seiner Nachfolger, die bis heute ihr Leben im Glauben an ihn gelassen haben.

Schließlich sind die Tage des Gedenkens an die Toten und den Tod vorbei. Inzwischen sind die goldenen Blätter vom goldenen Wind herabgeweht worden, und wir erblicken überall die Skelette der Bäume und der Stauden. Sie sind uns Mahnmal des Todes, das Kalte, das Nackte, das Schwarze und Graue. Aber es ist kein Tod. Unter der Kruste schwellen schon die Knospen, das Versprechen des neuen Lebens. Die Tage sind kurz, es sind die sonnenärmsten Tage. Die Abende und die Nächte sind lang. Es schneit oder regnet, es gibt Glatteis und Nebel. Das Wetter gefährdet das Leben, die Gesundheit und den Verkehr. Aber die Tage in der eigenen Wohnung sind gemütlich und warm. Man hat zufolge der Eingeschlossenheit mehr Zeit. Man hört Radio oder sieht das Fernsehen, doch beide haben einen kleinen Knopf, den man zur Not abdrehen kann. Man kann lesen, oder wenn man an Freunde denkt, sogar so altmodisch sein, einen Brief zu schreiben, oder man telefoniert während des Mondscheintarifs. Man kann auch für sich bleiben und in musischen Dingen Freude suchen, oder aber aktiv seine Fühler ausstrecken und Verbindung zu Freunden und Bekannten aufnehmen.

Es gibt tausend Dinge zu tun. Man kann die alte Guitarre von der Wand nehmen und fast vergessene Lieder intonieren, oder alte Weisen der Blockflöte entlocken. Man kann einfach vor sich her singen, malen oder zeichnen, stricken, häkeln oder sticken, Patience legen, wie es die Großmütter taten, oder miteinander spielen, gar mit seiner Frau, seinem Mann oder seinem Kinde sprechen – eine nahezu völlig vergessene Art der Kommunikation; wieviel Segen mag daraus entstehen, daß die Menschen, die sich im Zivilisationsbetrieb trotz engsten Zusammenwohnens entfremdet haben, beginnen sich wieder anzuhören, sich zu verstehen und sich zu achten!

Der November ist der Monat, in dem die Menschen, besonders die älteren, über ihre Wetterfühligkeit und ihre Gesundheit am meisten klagen. Der Mensch lebt im kosmischen Geschehen und spürt dessen Einflüsse. Aber muß er sich von ihnen überwältigen lassen? Es ist gar nicht immer das Wetter. In vielen Fällen ist es nur die Einbildung.

Der Mensch sollte in der Schilderung und Ausmalung seiner Krankheiten zurückhaltend sein. Natürlich ist es für ihn ein wichtiges Thema. Aber da jeder sein eigenes gerütteltes Maß an Krankheiten und Unbehagen besitzt und für die Leiden anderer nur ein sehr beschränktes Interesse hat, wird es ihm langweilig und er springt ab. Der Kranke, der seine Krankheit wie ein Fähnlein vor sich herträgt, wird gewahr, daß er plötzlich ganz allein auf weitem Felde steht.

»Wenn die Not am größten, ist Gott am nächsten«, sagt ein altes Sprichwort. In der Dunkelheit und Kälte und der Dürftigkeit ist die Hoffnung am größten. So fallen am 11. November zwei Ereignisse zusammen. Es ist der Beginn der Fasten, aber auch der Beginn der unbändigen Lustbarkeiten, die man Carneval nennt, in welchem sich alle Welt vor den langen Fasten der Passionszeit austobt. Aber der 11. 11. ist zugleich auch der Todestag des Heiligen Martin, des Bischofs von Tour, eines Zeitgenossen des Heiligen Ambrosius von Mailand und des Heiligen Severin, Bischofs von Köln. Martin ist jener Heilige, der, ehe er Christ wurde, als junger Ritter einem nackten Bettler die Hälfte seines kostbaren Mantels schenkte und sich durch diese ungewöhnliche Tat den Spott seiner Genossen zuzog. Er wird oft mit einer Gans an seiner Seite abgebildet. Gefeiert wird von der Kirche, wie bei allen Heiligen, nicht sein Geburtstag, sondern sein Todestag. Denn der Tod wird als Geburt angesehen, als Befreiung von den Banden des Leibes, in die unsere Seele als Gast hineingezwungen wird, und als Vereinigung mit Gott.

Es ist der Tag, an dem die Carnevalsgesellschaften ihr närrisches, gegen den tierischen Ernst gerichtetes Treiben eröffnen und an dem in Deutschland die erste Wintergans auf den Tisch kommt. In manchen Orten in Rheinland und Westfalen veranstalten Kinder lustige Prozessionen. Ein als Ritter verkleideter Reiter zieht ihnen voran. Sie tragen bunte Lampions und zu Fratzen ausgehöhlte Kürbisse und singen die Martinslieder zu ihrem eigenen und dem Ergötzen der Zuschauer. Danach gehen sie in kleinen Gruppen mit Säcken umher und sammeln an den Türen Nüsse und Pfefferkuchen.

Im gleichen dunklen Monat des Todes flackert hell eine neue Hoffnung für den Christen auf, der Advent, die Erwartung der Geburt des Heilands, des Erretters der Welt. Es ist, wie wenn aus einem erleuchteten Raum ein Lichtstrahl durch das Schlüsselloch in einen dunklen Raum hineinstrahlt; es gibt einen langgezogenen Lichtkegel, der den Dingen im Raum Kontur verleiht.

Man sammelt immergrüne Zweige von Tanne, Rhododendron, Ilex und flicht daraus einen Kranz, in welchen man vier Kerzen hineinsteckt. Eine erste, brennende Kerze erleuchtet das Zimmer. Für die Gläubigen, die im »Anno Domini«, im Jahre des Herrn leben, ist es die immer wiederkehrende Freude auf das Kommen des Heilands in die Welt. Aber auch die vielen Nichtgläubigen, die Materialisten und die »Aufgeklärten« können sich dem nicht gut entziehen; sie haben Kinder, und die Kinder, die Jesus und den Mythos und das Märchen lieben, freuen sich am Licht und dem Symbol der Unvergänglichkeit, der immergrünen Tanne.

Das Licht hat seinen Platz im dunkelsten Monat und in der Nacht. Im Dunkeln bedeutet uns auch ein Licht ein heller Schein. Seit allen Zeiten, seit denen es Licht gibt, ist es auch zugleich das Symbol für den Menschen, wohlverstanden für den geistigen Menschen. Auf seinem Weg auf Gott zu brennt er, und im Verbrennen wird er zum strahlenden Licht. Nicht umsonst werden seit urdenklichen Zeiten den Engeln, Genien und Heiligen strahlende Auren um den Kopf oder Mandorlen um den ganzen Körper gemalt.

Was in diesem Monat mit dem Tode begann, der kein Tod ist, sondern ein Übergang, ein Eingang in leiblose Sphären, das endet in einem Aufjauchzen zum Herrn, in einer erwartungsvollen Freude.

DEZEMBER · DAS LICHT LEUCHTET IN DER FINSTERNIS

Der dunkelste Monat des Jahres ist gar nicht der November. Es ist der Dezember, denn die Sonne erreicht dann ihren tiefsten Stand über dem Horizont. Aber das zu erwartende Licht verscheucht die Dunkelheit, und sogar die Bereitschaft zu Krankheiten und zu Selbstbemitleidung schwindet dahin. Die drei Advente steigern sich wie beim Ablauf eines Dramas, sie werden immer heller und intensiver.

Dazwischen kommt der 6. Dezember, der Tag des Heiligen Nikolaus, des Bischofs von Myra. Er starb um 350, er war ein wahrhaft gütiger und selbstloser Mann. Noch nach tausendsechshundert Jahren danken es ihm die Kinder. Sie stellen ihre Schuhe, die größten, die sie besitzen, vor die Tür, und Nikolaus füllt sie mit Naschereien. Glauben sie daran? Die ganz kleinen ja, den größeren wird ihr Glaube durch die anderen verdorben. Gut, es sind die Eltern, die die Süßigkeiten besorgen, aber doch im Auftrag des Heiligen Nikolaus, denn hätte es ihn nicht gegeben, so würde diese schöne Sitte nicht existieren. Es ist, wie wenn ein reicher Mann eine Stiftung für gute Zwecke macht, selbst nach hundert Jahren werden daraus Unterstützungen bezahlt. Ist es das Kuratorium, das das Geld gibt? Nein, es ist der Mann, der die Stiftung gegründet hat. Daran zweifelt niemand.

Nun wird der wunderbare Heilige auch für pädagogische Zwecke mißbraucht. In seinem Gefolge hat er den Knecht Ruprecht, den schwarzen Mann mit Sack und Rute, um die unartigen Kinder zu züchtigen, und manche Eltern benützen beide als Drohung und Kinderschreck. Wenn die Mutter vorher etwa, ungeschickterweise, sagte: »Warte, ich sage es dem Vater«, so sagt sie um die Weihnachtszeit: »Warte, wenn der Heilige Nikolaus kommt!«

An diesem Tag wimmelt es von verkleideten Nikolausen. Onkel oder Väter machen selbst den Nikolaus, aber sie werden häufig an ihren Schuhen, ihren Bewegungen oder an ihrer Stimme von den wacheren und gut beobachtenden Kindern erkannt. Doch es bleibt, auch trotz der Erkenntnis, eine Scheu. Im letzten Jahr des Krieges lud ich die kleinen Kinder von Schulzendorf zum Nikolausfest ein. Wir kratzten zusammen, was wir hatten an Kakao, Milch und Lebkuchen, und es war ein fröhliches Fest. Dann aber klopfte es an die Tür und herein trat, als Nikolaus verkleidet, Gerd Briese, mein Schwiegersohn. Was sich in den Sekunden danach abspielte, ist nicht zu beschreiben. Die überraschten Kinder schrien auf. Es entstand ein allgemeines Geheul. Der Tisch konnte nicht so viele unter sich fassen, wie unter ihn kriechen wollten; sie lagen unter der Couch und hinter den Sesseln, und nur wenigen gelang es, sich hinter den Rockschößen ihrer Mütter zu verbergen. Nun war guter Rat teuer. Da fiel mir eine Geschichte ein, die mein verehrter Freund Hugo Kükkelmann erzählt hatte: Er meinte, man solle die Kinder mit Überraschungen nicht erschrecken, man solle sie beteiligen. Das gelte sowohl für den Weihnachtsmann als auch für den Christbaum. Er habe es in seiner Familie so gehalten: Gemeinsam mit den Kindern hätten sie die Mütze, den Bart, den Krummstab, die roten Stiefel und den Mantel des Nikolaus zusammengeholt und angefangen ihn zu bekleiden. Und plötzlich war es nicht mehr der Vater oder der Onkel, sondern der Heilige Nikolaus. Die Angst war weg, aber die Überraschung und die Freude über die magische Verwandlung waren groß, und jedes Kind hatte in dieser Verzauberung vergessen, daß es soeben noch der Vater oder Onkel gewesen war.

Darauf besann ich mich. Wir Großen schnappten uns den verkleideten Nikolaus und zerrten ihm trotz seines Widerstandes die Verkleidung vom Leib. Da blieb nur noch der Gerd Briese übrig, den die Kinder alle kannten. Die Verängstigten krochen aus ihren Verstecken hervor und betasteten ihn. Dann fragte ich sie, ob wir ihn nicht nun doch wieder in den Heiligen Nikolaus verwandeln sollten. Einige waren bedenklich, aber die meisten freuten sich über das Abenteuer. Wir zogen ihn gemeinsam an, und nun war er wieder der Nikolaus. Die Kinder gingen scheu einen Schritt zurück. Er hatte jetzt eine veränderte Stimme, wie es dem Nikolaus geziemt, und er fragte sie, wie sie sich betragen hätten und was sie sich wünschten, und sie antworteten überlegt oder verlegen. Und nach der Zeremonie zogen wir ihn wieder gemeinsam aus. Ich habe hier zum erstenmal erlebt, wieviel wunderbarer ein von den Kindern selbst gestalteter Nikolaus ist und daß die Wonne an dem schöpferischen Mitwirken größer ist als der angstvolle Überraschungseffekt. Das gleiche haben wir nachher auch mit dem Schmücken des Christbaumes gemacht. Die Freude während des Tuns und nachher der Stolz, es selbst bewirkt zu haben, war viel größer, als wenn zu einem gegebenen Moment die

Glocke erklungen und die Tür aufgegangen wäre. Erfahrungsgemäß schielen alle Kinder auf die verpackten Geschenke und lassen Baum Baum sein.

Dieser Monat ist wirklich voller Überraschungen. Zwei Tage vor dem fröhlich-schreckhaften Heiligen Nikolaus gibt es eine sehr stille Heilige, welche eigentlich nur die kennen, die Namenstag haben. Es ist der Tag der Heiligen Barbara, einer Märtyrerin aus den ersten Jahrhunderten. Die Leute, die auf dem Lande leben, kennen sie gut. In der Dunkelheit jener Tage ist sie eine stille, bescheidene Vorbotin der Auferstehung. Man geht mit einer Gartenschere in den Garten und schneidet hartgefrorene Zweige von Apfelbäumen, Kirschbäumen, Schleedorn oder Forsythien ab, steckt die abgeschnittenen Enden für eine Minute in heißes Wasser und dann stellt man sie in eine Vase, und pünktlich am Tag der Geburt des Heilands stehen die Knospen in voller prächtiger Blüte. Ein Wunder, ein Traum inmitten des winterlichen Todesschlafs. Natürlich kann man den Vorgang auch biologisch erklären, aber ein Wunder bleibt es doch, daß aus dem scheinbar toten harten Ast, dem Skelett, neues Leben mit Kraft hervorspriest. Wer wird da noch so verhärtet sein und an der Macht der Krankheit, des Alters oder des Todes festhalten? Möge diese Sitte aus alter Zeit, aus dem Glauben an das unbesiegbare Licht, auch in der Verstädterung nicht verloren gehen! Irgendwo in einem Vorgärtchen gibt es ja immer Sträucher, die man behutsam beschneiden kann. Diese Freude kostet keinen Pfennig, und es ist gut so, denn man soll für Gottes Botschaft nicht mit Münzen bezahlen.

Sieben Tage nach dem Heiligen Nikolaus kommt eine fremde Heilige zu uns, und sie ist, wie alles Anmutige und Schöne, herzlich willkommen; sie kommt auf weiten Wegen von Syrakus über Schweden zu uns. Es ist die Märtyrerin, die Heilige Lucia († 304). Sie wird durch das hübscheste Mädchen dargestellt; dieses trägt eine Krone mit brennenden Lichtern auf dem Kopf. Es kommt in die Häuser, singt mit den Kindern und bereitet sie in Fröhlichkeit auf die Geburt Christi vor.

Dann flattern bald die ersten Weihnachtskarten zu uns ins Haus, Abbildungen von Engeln und von der Geburt Christi, von der Verkündigung an die Hirten und der Anbetung der Könige. Jedes Bild ist anders, aber alle sind schön, fast märchenhaft, und ein Kind kann sich stundenlang darein vertiefen und viele kleine Köstlichkeiten entdecken. Sie sind erst 130 Jahre alt. Vor Weihnachten 1843 bestellte der Museumsdirektor Henry Coole bei dem Drucker John C. Horsley den Druck einer Weihnachtsgratulationskarte. Das wurde zum Beginn einer ausgedehnten Industrie in der ganzen Welt. Es wimmelt nur so von Krippenbildern, Engeln, Hirten, geschmückten Tannenbäumen und Weihnachtsmännern. Wahre Märchen für die Kleinen, und die Großen ergötzen sich an den herrlichen Reproduktionen von Gemälden und auch an manchem Kitsch.

Und nun stehen die Weihnachtstage vor der Tür. Man rennt umher, um Geschenke für seine Lieben zu kaufen. Es ist eine ungeheure Geschäftigkeit in der Welt. Manche Moralisten fragen mit erhobenem Finger: »Wo bleibt da das Christkind?!« – »Ja, wo bleibt es denn?!« – Aber es geschieht dies alles bei uns im Namen des Christkindes, das die Liebe in die Welt gebracht hat. Und da wir nicht jeden Tag zu schenken vermögen, schenken wir im Auftrage des Christkindes, das selbst als Armes von den weisen Königen mit Gold, Weihrauch und Myrrhe beschenkt worden ist.

Übrigens ist das Ahnenblut in uns unversiegbar und zäh. Dieses Schenken, die Aufrichtung des Tannenbaumes oder des Ilex und das Aufhängen des Mistelzweiges und das Verzehren bestimmter Speisen sind viel älter als das Christentum. Auch bevor sie Christen wurden, waren die Menschen von einer tiefen Religiosität und verehrten ihre Götter. In Rom waren es zur gleichen Zeit die Saturnalien. Man freute und belustigte sich, ging auf die Straße, verbrüderte sich, die Herren bedienten ihre Sklaven und speisten mit ihnen gemeinsam, und man beschenkte sich.

Im nahen Osten und im Mittelmeerbecken war es der Kult des Gottes Mithras, der durch die römischen Soldaten auch nach Germanien und Gallien gebracht wurde. Es war der Tag des unbesiegbaren Lichts. Im Lande der Hyperboräer, später der Kelten, wurde der Gott Belen verehrt, der aus dem Land des Nordlichts kommt. Zu den Griechen und Römern kam er als der Sonnengott Apollon. In den Katakomben sehen wir ihn mit seinen Sonnenrossen zum Symbol Christi werden. Der Heilige Basilius der Große (329–379) sagt: »Im Gehen treten wir stets in die Fußstapfen der anderen.«

Es ist diese Heilige Nacht mit Geschenken und den Lichtern des Weihnachtsbaumes oder dem ewigen Grün der aus der Keltenzeit verehrten Mistel und dem traditionellen Karpfenessen als Ausdruck der Fastenzeit der Weltentag, der Tag der Sonnenwende, der Geburt der neuen Sonne, des Mithras, des Sonnengottes Belen oder Apollon, des Soter, des Erlösers, wie die Griechen ihn nannten. Das Kind Jesus Christus, der Soter, der Erlöser, liegt für uns in der Krippe. In ihm wird das neue Licht für die Menschheit geboren, er wird die Welt durch sein Leben, seine Lehren und seinen freiwilligen Opfertod aus den alten Angeln heben. Er wird zum erstenmal Gott seinen Vater nennen und ihn uns zum Vater machen. Er zerbricht die alten, verrosteten Konventionen und fordert die Jünger zu freier Entscheidung auf, zu einem sensibilisierten Gewissen und zu einer Gottesliebe, die sich in der Liebe zum Menschen manifestiert.

Haben wir nicht Grund, unserer Familie an diesem Abend, vor den Geschenken und vor dem Singen, das wunderbare Evangelium des Lukas von der Geburt Christi vorzulesen? Alle Armen werden merken, daß es sie betrifft, obwohl keiner von ihnen heute so arm ist – wenigstens an materiellen Gütern –, wie es die heilige Familie war.

In der Kirche wird in dieser Nacht verkündet:

Heute ist Christus geboren!

Heute auferstanden!

Halleluja!

Dieses Halleluja verstummt nicht mehr, auch nicht in der Passionszeit. Wir haben in Berlin in den schlimmen Jahren der Bedrängnis durch die Sowjets, dem Aufruf unseres Bürgermeisters Reuter folgend, in den heiligen Nächten grüne Kerzen in die Fenster gestellt und sie angezündet als sehnlichen Gruß an die Millionen von Gefangenen, die in fernen, unbekannten Lagern schmachteten, und zugleich als Bitte um Erlösung aus der Not. Auch diese Sitte ist nicht neu. Die bedrängten Christen stellten Fackeln oder Kerzen für die verfolgten und unbehausten Brüder auf, damit sie wußten, daß hier Christen wohnten und sie aufzunehmen bereit seien. Und in Irland in der Zeit Cromwells (1599–1658), als die katholische Kirche und die Katholiken verfolgt wurden, stellten die Gläubigen grüne Kerzen in ihre Fenster, um den verfolgten Priestern zu zeigen, daß man auf sie wartete.

Ich habe versucht, das Weihnachtsfest so zu schildern, wie es sich vielen von uns anbietet und wie es viele als Kinder noch erlebt haben – ein Fest der Freude. Aber für manche ist es doch ein Fest des Leides. Wieviele Menschen stehen allein, junge und alte, kranke, verkrüppelte und seelisch gestörte. Sie haben keinen Kontakt. Sie haben nichts zu bieten und sie ziehen sich in sich zurück. An diesen Tagen, da die Familien fröhlich oder auch scheinfröhlich miteinander feiern, empfinden sie ihr Alleinsein besonders schmerzlich. Viele von ihnen sind verbittert und resignieren und machen die Welt für ihr Unglück verantwortlich.

Es ist das Einfachste, die Schuld auf andere zu schieben. Ist man nicht selbst an seiner Vereinsamung schuld? Ist man nicht ein großer Egoist, der immer nur sich selbst meint, der gegen andere mißtrauisch ist und ihnen Ungutes zutraut, der sie verdächtigt und ihnen nichts Gutes gönnt? Hat man selbst schon Opfer für andere gebracht? Wenn man lange sucht, wird man finden, daß es zu wenig war, was man für die anderen getan hat. Man könnte demütig und besinnlich zur Krippe des armen Kindes gehen und ihm versprechen, daß man nach einem Weg suchen möchte. Es bedarf des Mutes und der Phantasie und besonders einer Eigenschaft, die schwer zu erreichen ist: Gutes zu tun, ohne Dank zu erwarten. Wie viele von uns machen die gute Tat zunichte, indem sie sie in Posaunenstärke überall verkünden! Es bedarf auch eines großen Taktgefühls, anderen zu begegnen und ihnen zu helfen. Menschen in Armut, in Not und Krankheit sind besonders empfindlich und man kann sie leicht verletzen.

Manche resignieren so sehr, daß sie all dieses Geschehen von sich weisen, als ob es sie nichts mehr anginge. Irgendwann hatten sie sich daran gefreut und daran teilgenommen, aber das ist lange her und gehört in das Gebiet des Märchens. Natürlich, wenn sie den Glauben abgelegt haben oder darin gar nicht aufgewachsen sind, dann bedeutet das alles nichts für sie. Aber wenn noch ein kleiner Funke der alten Erinnerungen in ihnen glüht, sollten sie trotz ihrer Einsamkeit sich ein Tannenzweiglein holen und eine Kerze, und einen Apfel dazu. Und wenn sie nicht mehr selbst singen können, im Radio werden viele herrliche alte Lieder gesungen und gute Worte gepredigt, und die alte Musik erfreut das Herz. Man kann sogar an irgend einer Tür klingeln und den Nachbarn ein gutes Fest wünschen, und vielleicht eine Nachbarin zu sich herausbitten, um einige Minuten gemeinsam in Stille zu verbringen. Gewiß wird manch einer in der Hast des Tages abwehren; man soll sich davon nicht entmutigen lassen. Man weiß nie, was für wunderbare Erlebnisse aus solchen mutigen Begegnungen entstehen können.

Am 26. Dezember folgt das Gedächtnis an den ersten christlichen Märtyrer, an den Diakon Stephanus. Während er predigte, wurde er von den verhetzten Juden, sicherlich unter Mitwirkung des Saulus, der später der Apostel Paulus wurde, gesteinigt. Er fiel zu Boden und im Sterben bekundete er, daß er den Himmel offen sehe und den Menschensohn zur Rechten des Vaters. Noch im Sterben bat er Gott um Gnade für seine

Mörder. Die orthodoxe Kirche hat seine Bitte bewahrt. »Herr, errette und habe Gnade mit denen, die mich beleidigen und hassen und mich bedrängen, und laß sie nicht meinetwegen zu Schanden werden!« Welche beispielhafte Größe eines Christen!

Der Tag darauf, der 27., ist dem Lieblingsjünger Christi geweiht, dem Apostel Johannes. An diesem Tag wird der Wein geweiht. Der Wein der Liebe. Johannes wird gewöhnlich mit einem Kelch dargestellt, aus dem eine Schlange aufsteigt. Nach der Legende sollte er von seinen Widersachern vergiftet werden, aber die Reinheit seines Herzens hat das Gift neutralisiert. Er ist der große Liebende. Durch sein Evangelium strömt alle Liebe Christi auf uns zu. Er wurde wohl über neunzig Jahre alt. Man trug ihn in die Kirche, weil er nicht mehr gehen konnte. Er konnte auch nicht mehr predigen. Das Einzige, was er immer wiederholte, war: »Kinderchen, liebet euch untereinander!«

Der nächste Tag, der 28., ist dem Gedächtnis der unschuldigen in Bethlehem gemordeten Kinder bestimmt. Nun, das liegt weit zurück, und wer weiß, ob es sich wirklich so zugetragen hat. Aber dieses Thema ist seit jenem Tage aktuell. Werden nicht überall in der Welt Kinder gemordet, Kinder, die durch Hunger sterben, Kinder, die von ihren entmenschten Eltern mißhandelt und getötet werden?

Noch ist der Dezember nicht zu Ende. Am 29. feiert die Kirche das Gedächtnis eines mutigen Christen, des Heiligen Bischofs Thomas von Canterbury. Er war ein fröhlicher Freund König Heinrichs II. Plantagenet von England. Später entschloß er sich zum geistlichen Amt und wurde Bischof. Er stellte sich aber gegen den König und die Barone und verfocht die Sache Christi. An diesem Tag im Dezember wurde er von Baronen am Altar seiner Kathedrale ermordet.

Nachstehende Rede, die auf uns gekommen ist, hielt Thomas a Beckett anno 1170 fünf Tage vor seiner Ermordung in der Kathedrale von Canterbury. Sie ist so aktuell, daß ich nicht müde werde, sie weiterzuverbreiten:

»Erinnert euch daran, wie unser Herr vom Frieden gesprochen hat. Er sagte zu seinen Jüngern: Der Friede sei mit euch, ich gebe euch meinen Frieden. Meinte er damit einen Frieden, wie wir ihn verstehen: das Königreich England im Frieden mit seinen Nachbarn, den Frieden der Barone mit dem König, des Hausvaters Aufzählen seiner friedlichen Gewinne, den rein gefegten Herd, den besten Wein bei Tisch für seinen Freund, und sein Eheweib, das den Kindern Lieder singt? Jene Männer aber, seine Jünger, wußten nichts von diesen Dingen: auf weite Wanderschaft gingen sie und haben gelitten zu Land und zu Meer, Folter, Mißgeschick und Gefängnis und zuletzt den Märtyrertod erduldet. Was wollte er denn damit sagen? Wenn ihr so fragt, so denkt daran, daß er auch sprach: Nicht was die Welt gibt, gebe ich euch. Und so brachte er seinen Jüngern Frieden, aber keinen Frieden, wie die Welt ihn gibt.«

Henry Plantagenet gehört zu meinen Ahnvätern, aber verehrt habe ich nicht ihn, verehrt habe ich seinen Erzbischof, den Heiligen Thomas a Beckett. Er gehört nicht zu den Heiligen meiner orthodoxen Kirche, aber diese seine Predigt ist mir, als ich vierzehn Jahre alt war, in die Hände gefallen. Ich habe sie seither nie mehr losgelassen, ich kannte sie auswendig. In wievielen Situationen, in denen der Mensch anfängt mit Gott zu hadern und glaubt, von ihm verlassen worden zu sein, hilft einem diese Predigt.

Im Gefängnis der Bolschewisten, in der Einsamkeit der Emigration, in der äußersten Armut der Studentenjahre, in den Gefängnissen und Konzentrationslagern der Nazis, im Bombenkrieg in Berlin, in der Verhaftung durch die Sowjets und in allen anderen bedrängten Situationen, wenn ich dachte: warum läßt Gott das zu, und warum gerade mir?, da rezitierte ich diese achthundert Jahre alte Predigt, und ich verneigte mich vor diesem Heiligen und verneigte mich vor meinem Schicksal, und der Friede zog trotz aller Schrecknisse in meine Seele ein. Und wo der Friede in der menschlichen Seele herrscht, da kann die Angst nicht eindringen.

Das ist die dunkle und lichte Seite der Weihnacht: das arme Kind, das auf der Wanderung geboren wurde und ohne Obdach war, der erste Diakon, der gesteinigt wurde, die ermordeten unschuldigen Kinder von Bethlehem, und der ermordete Erzbischof von Canterbury. Eigentlich ein makabres Resümee. Aber alle Betonung liegt hier im Überwinden, im Mut zum Bekennen und im Mut dafür zu sterben, in der frohen Botschaft für die Menschheit von dem Frieden trotzdem, von dem Frieden im Geiste und in der Seele, der anders und größer ist als alle brüchigen und heimtückischen Waffenstillstände und Friedensverträge in der Welt, aus denen nichts anderes sprießt als neue Intrigen, Waffen und Kriege. Das ist die heile, die helle Seite der Weihnacht. Sie hat aber noch eine dunkle Seite, die uns mit Unsicherheit und Angst erfüllt. Das sind die archetypischen zwölf Nächte, die uns tief im Blut stecken. Die längst vergessen geglaubten Götter der Germanen und der Kelten, Wotan mit seiner Reiterschar und seinen Begleitern Donar und Ziu-Tyr, und bei den Kelten Teutates, Esus und Taranis reiten und toben in den zwölf furchtbaren Nächten durch die Gegend. Der Wind trägt ihr Heulen bis zu den verschlossenen Häusern. Alle die Spiele und Zaubereien und die Zukunftserforschung, die um diese Zeit betrieben werden, stammen aus jenen ältesten Zeiten des Menschseins und sie werden in dieser Zeit wieder lebendig. Man gießt Blei und läßt kleine Schiffchen aus Walnußschalen mit einer winzigen Kerze beladen auf einem mit Wasser gefüllten Kump schwimmen. Man geht an die Kirchentür und horcht, ob man Hochzeitsgesänge oder Totenlieder erlauscht, man legt Karten und deutet aus der Hand, und eine unverheiratete junge Frau setzt sich allein vor den Spiegel, vor dem zwei Kerzen brennen, und beschwört ihren Zukünftigen, im Spiegel zu erscheinen. Manchmal sieht sie ihn, aber manchmal erscheint auch der Teufel. Es werden magische Kräfte herausgefordert und angstvoll erwartet. Manche geben vor, daß sie es nur zum Spaß machen, aber der Prickel des Verbotenen und Unheimlichen ist immer dabei. Keine Papstdekrete, keine Predigten der Priester und keine Aufklärungsschriften haben es vermocht, die im Menschen schlummernden uralten Erfahrungen und Kräfte zunichtezumachen. Sie kommen immer wieder zum Vorschein. Eines ihrer Merkmale ist die Urangst, die keinem Menschen fremd ist, eine Erfahrung aus der Zeit der ersten Menschen, die noch den kosmischen Mächten ausgeliefert waren und die versuchten, durch Magie, durch Beschwörungen, durch Talismane sich davor zu schützen. Sie bricht aber immer wieder aus dem Menschen hervor oder in ihn ein, in allen Situationen der Not, der Katastrophen, der Panik (das Wort kommt von dem Waldgott Pan, dessen Anblick die Menschen versteinern ließ), in Krankheiten und vor dem Tode. Aber sie lebt auch in jedem Haß, in jedem Mißtrauen, in Neid und Eifersucht, es ist immer die Angst vor dem Verlust der Selbstgeltung, vor der Übervorteilung durch den anderen. Die Völker und Staaten, die Konfessionen und die politischen Parteien werden davon befallen. Sie verlieren ihren Verstand und handeln nicht mehr logisch, sondern aus ungeordneten emotionalen Impulsen.

Alles Ungute, das in unserer Welt geschieht, geschieht aus dieser unergründlichen Angst, der Angst der Völker voreinander und durch die gegenseitige Verteufelung: die Religionskriege, die die Kirchen mit unvorstellbarer Grausamkeit führten; die menschenbeglückenden Bewegungen, wie die französische Revolution, der Kommunismus, der Nationalsozialismus, die rechten oder die linken Diktaturen; aber auch im kleinen Rahmen, die Verteufelung unseres Nachbarn, unseres Vorgesetzten, sie stammen alle aus dieser Angst. Wie oft muß ich da an einen Hund denken, der vom Trog frißt. Sobald nur einer in die Nähe kommt, und sei es der Herr, der ihn füttert, bricht er in ein gefährliches warnendes Knurren aus. Sollten wir nicht oft uns in jenem Hund wieder erkennen? Die Angst ist die Mutter jeder Neurose, und man kann ihr mit dem Mittel des Intellekts nicht erfolgreich entgegentreten. Sie hat keine Antenne für diesen Bereich, sie hat ältere Rechte als der aus dem Neuhirn stammende Intellekt.

Zu diesem Phänomen der Urangst und des Intellekts sagt Carl Gustav Jung in seinem Buch »Erinnerungen,

Träume, Gedanken«: »Unter den sogenannten neurotischen Patienten unserer Tage gibt es nicht wenige, die in früherer Zeit nicht neurotisch, das heißt entzweit mit sich selber geworden wären. Hätten sie in einer Zeit und in einem Milieu gelebt, wo der Mensch noch durch den Mythos mit der Ahnenwelt und dadurch mit der erlebten und nicht bloß von außen gesehenen Natur verbunden war, so wäre ihnen das Uneinswerden mit sich selbst erspart geblieben. Es handelt sich um Menschen, die den Verlust des Mythos nicht ertragen und weder den Weg zu einer nur äußeren Welt, das heißt zum Weltbild der Naturwissenschaft finden, noch sich am intellektuellen Phantasiespiel mit Worten, das mit Weisheit nicht das geringste zu tun hat, sättigen können ... Zu den schwierigsten und undankbarsten Patienten gehören ... neben den habituellen Lügnern die sogenannten Intellektuellen. Mit einem durch kein Gefühl kontrollierten Intellekt läßt sich alles erledigen – und dennoch hat man eine Neurose.«

Der Monat und das Jahr enden in einem total irrationalen Rummel. Hier kann man nach den Spuren des Christentums lange suchen. In den österreichischen Alpen tummeln sich grotesk maskierte Männer als Teufel und Trolle in der Landschaft herum. Die Meinung war, mit ihrer Häßlichkeit die Dämonen zu erschrecken und zu vertreiben, aber heute sind sie selber zu Sinnbildern von Dämonen geworden. Um die Mitternacht glauben jene, die die Bombennächte erlebt haben, es gehe wieder los. Die Menschheit will alle angestauten Sorgen, alle Verbitterung, alle Angst in die Luft knallen. Es ist das unrationalste Geschehen, das es gibt. Man verpulvert wertvolles Geld in Raketen und freut sich während der wenigen Sekunden, die sie knallen und schöne Lichteffekte erzeugen. Man ist freudig oder pseudofreudig und begießt sich mit Alkohol. Das Ende ist eine bleierne Müdigkeit und ein ausgewachsener Kater am nächsten Morgen..

So läßt man die heiteren und beglückenden und die traurigen Ereignisse des Jahres in einem kurzen Rausch hinter sich. Der mythische Mensch nimmt Besitz von dem intellektuellen Menschen und zwingt ihn in archetypische Verhaltensweisen.

JANUAR · BEGINN DES JAHRES

Dieser Monat beginnt mit dem ersten Feiertag im Jahr. Über dem Tag steht der Spruch des Propheten Jesaja (um 700 v. Chr.), der in einer dunklen Zeit gelebt hat: »Mache dich auf, werde Licht, denn dein Licht kommt, und die Herrlichkeit des Herrn geht auf über dir; denn siehe, Finsternis bedecket das Erdreich und Dunkel die Völker; aber über dir geht auf der Herr, und seine Herrlichkeit erscheint über dir.«

Die schönsten Psalmen und Hymnen der Menschheit entstehen nicht in den Zeiten der Sattheit und des Wohlstands, sondern in der Dunkelheit der Not und Bedrängnis: Krankheit und Todesangst sind ihre Geburtsstunde. Der leidende Mensch steht näher bei Gott. Der Satte ist in den Dingen der Materie verfangen, er hat alles, was sein Leib und Herz begehren, er glaubt sich durch seinen Reichtum gesichert. Es ist die Hybris der Mächtigen, daß sie glauben, die Welt zu regieren. Sie eignen sich göttliche Vollmachten an, die doch zu zerbrechlich sind.

Es ist auffallend, wie in Zeiten der Not und der Bedrängnis manche Krankheiten von uns abfallen. Die Herzinfarkte werden seltener, die Zuckerkrankheit und die Leberverfettung werden milder, weil der Mensch sich nicht sattessen kann; und erstaunlicher Weise geht die Zahl der Depressionen gewaltig zurück, obwohl man logischerweise annehmen müßte, daß sie in schwierigen Situationen ansteigen müßte –

sogar die Neurosen nehmen erträgliche Formen an. Der harte Kampf ums Dasein, der alle Kräfte fordert, nivelliert die übertriebenen Forderungen der Person. Um sich zu erhalten, muß sie sich enger an die anderen anschließen und anpassen. Sie schraubt ihre Bedürfnisse auf ein erträgliches Minimum zurück und, o Wunder, sie begnügt sich mit dem Minimum.

Wir waren im Krieg bis auf den Zustand der Steinzeitmenschen zurückgesunken. Nach der Ausbombung hatten wir uns mühselig ein Behelfshaus zusammengezimmert. Es gab aber kein elektrisches Licht und keinen Ofen. Holz gab es im Walde. Wir hatten uns einen mit Lehm verputzten prähistorischen Herd aus Ziegeln gebaut, und darauf kochten wir die dürftigsten Gerichte. Wir benutzten statt Fetten Paraffin, das als Abführmittel diente. Und es haben uns Roggenfladen, Kartoffeln und Gemüse aus Brennesseln so gut geschmeckt wie die erlesensten Gerichte aus guter alter Zeit. Die Sättigung war fragwürdig, aber der Dank war groß und offen, und ebenso groß waren die Bitten um das tägliche Brot.

Es ist ein wunderbares schlichtes Gebet, das Vaterunser, das alle Bedürfnisse des Lebens einschließt. Es gibt heute viele Menschen, die ohne Originalität nicht auskommen können, sie fügen zu der Bitte um das tägliche Brot hinzu: »gib uns unser geistiges tägliches Brot«, weil sie nicht mehr wissen, wie lebenspendend im Hunger das tägliche Brot ist. Wenn ich diese verdrehte Bitte höre, die gut gemeint ist, muß ich darüber lächeln. Wenn man erfahren hat, wie lebenspendend das Brot ist, dann weiß man, daß man es nicht steigern soll ins Geistige, sondern es aus Gottes Hand so nehmen, wie er es dem Hungernden reicht. Dann ist es geistig, weil es im wahrsten Sinne des Wortes lebenspendend und lebenrettend ist.

Das wunderbarste Brot, das ich je gegessen habe, fand ich in einer Novembernacht 1918 in einer alten Moskauer Kirche, in der ich nächtigte, als ich aus dem Gefängnis der Bolschewiken gerettet worden war. Ich legte mich in der Kälte auf zwei Stühle, konnte aber vor Hunger nicht einschlafen. Ich hatte einige Tage nichts gegessen. Da bat ich Gott, er möchte mir ein Stück Brot schenken. Auf der Fensterbank fand ich einen harten weißen Klumpen, der wie Kalk aussah. Ich nahm ihn auf die Zunge. Er war ein vergessenes Stückchen von einer Prosphore, einem geweihten Brot. Es dauerte lange, bis es mir gelang, es mit dem Speichel weich zu machen, und ich behielt es stundenlang im Mund. Ich wurde nicht satt davon, aber froh und zuversichtlich, denn dieses Brot kam, wie im Vaterunser, direkt von Gott.

Dieser erste Tag des Jahres ist wie kein anderer dazu angetan, Bilanz zu ziehen. Bilanz mit sich selbst. Zu überdenken, was einem das vergangene Jahr an Freuden, an Kümmernissen gebracht hat, und was wir aus uns selbst und aus den Beziehungen zu den Menschen gemacht haben, ob wir reifer, gütiger, weiser, toleranter, gelassener und freundlicher geworden sind, ob wir durch das Einerlei der Tage, die wir nicht selbst gestaltet haben, undifferenzierter, phantasieloser, egoistischer, aggressiver geworden sind und so das Bild, das Gott in uns eingeprägt hat, haben zu einer Maske versteinern lassen.

Ein dysphorisches Bild seiner Zeit, auch heute noch zutreffend, schilderte vor nunmehr 2150 Jahren Jesus Sirach: »Gar große Mühsal ist verhängt von Gott, und schweres Joch liegt auf den Menschenkindern vom Tage an, da sie den Mutterschoß verlassen, und bis zur Rückkehr zur Mutter aller Lebenden: ihr Grübeln und die Sorge ihres Herzens, ihr Denken an die Zukunft, an den Todestag. Von dem, der auf dem Throne erhaben sitzt, bis hin zu dem, der sitzt in Staub und Asche; von dem der Krone trägt und Diadem bis hin zu dem, der Kleider trägt aus Fellen: Zorn herrscht und Eifersucht und Sorge und Schrecken, Todesfurcht, Zank und Streit. Und selbst zur Zeit der Ruhe, auf dem Lager verwirrt der Schlaf der Nacht noch seinen Sinn. Ein wenig, einen Augenblick nur hat er Ruhe, dann wird er mitten unter Schreckensbildern aufgestört. Er irrt hinweg im Traumgesicht der Seele, wie ein Entronnener vor dem Verfolger flieht. Ist es so weit, daß er gerettet ist, dann wacht er auf, und wundert sich ob seiner Furcht vor nichts« (Kap. 40, 1–7).

Und dennoch ist die Lust am Leben eine ungeheure, in uns lebende Kraft, und diese Kraft ist wirklich Lust, die sowohl das unmündige Kind wie der sich zum Grab hin bewegende Greis empfinden. Es ist eben nicht die Dysphorie, die Unlust, die sie leben lassen; es ist die Freude am Sein, die Freude an der Gesundheit und ein Festhalten am kleinsten Rest des Lebenslichts, wenn die Gesundheit erschüttert ist. Es ist das Schwingen der Lebensgeister im Rhythmus der Gezeiten, in den Freuden der Liebe, der Freundschaft, in geistigen und leiblichen Genüssen, auch in der oft geschmähten Arbeit und im geheimnisvollen Schlaf, der uns die Gelöstheit, die Ruhe, das Vergessen und phantastische Träume schenkt. Aus ihnen lernen wir, daß wir auch in einer anderen, transzendenten Welt beheimatet sind. Nur aus dieser Freude leben wir, ob wir es zugeben oder nicht.

Es geschieht ein Wunder. Die Monate November und Dezember sind Monate der Dunkelheit. Aber im Januar, gleich am ersten Tag, an dem die Sonne scheint, spüren wir eine erregende Helligkeit in der Luft. Etwas Neues, das die vorhergehenden Wochen uns nicht schenkten. Die Sonne geht zwar wenige Minuten früher auf und wenige Minuten später unter, doch die können es nicht bewirken. Es ist die Gewißheit, daß eine kosmische Wende sich vollzogen hat. Die zum Heiligen Abend aufgeblühten Forsythien oder Kirschzweige sind bereits verblüht, sie blühen nur wenige Tage; aber das Versprechen, das sie verkünden, das liegt in der Luft, das Kommen der Auferstehung in der Natur. Noch ist es ein hartes Licht, vom Schnee reflektiert, die Landschaft mit dem vorwiegenden Schwarz-Weiß wirkt wie eine Radierung mit allen ihren Zwischentönen. Später, in der Zeit der aufspringenden Knospen und der grünen Grashalme und Blätter wird das Licht weich und strömend. Aber das ist ein gradueller Vorgang. Zunächst begnügen wir uns mit der heilig nüchternen Helligkeit.

Der Alltag kehrt wieder ein. Das reiche Festessen normalisiert sich. Die Arbeit wird aufgenommen. Wenn Schnee liegt, erfreuen sich die Kinder der Schlitten- und Rodelfahrten oder sie bauen Schneemänner, denen sie eine Mohrrübe anstelle einer Nase aufstecken. Die Raben kreisen mit gespreizten Flügeln in der Luft und suchen nach Nahrung. Da feiert die Christenheit am 6. Januar ein mehrfaches Fest. Es ist die Begegnung mit den Heiligen drei Königen oder Weisen aus dem Morgenlande, die ein achteckiger, großer Stern, der biblische Verheißungsstern Jakobs, auf die Wanderschaft rief, um die Ankunft des Erlösers, des Sotēr, zu feiern. Sie bringen dem Christuskind drei Gaben: das materielle Gold, das edelste, nicht rostende, kostbare Metall, dessen Farbe und Glanz den Abglanz des Himmels repräsentieren; Weihrauch, das wohlriechende Harz, das man Gott zu Ehren entzündet und dessen Wolken zum Himmel steigen, ein Element des Geistig-Seelischen; nicht zuletzt die bittere Myrrhe, das Symbol des Karmas, des Leids, das in der Welt immanent ist und das es gilt durch die Transzendenz in die Glorie Gottes zu verwandeln.

Auf den gleichen Tag fällt die Taufe des Herrn, die fast dreißig Jahre später stattgefunden hat. In meiner russischen Heimat gehen die Priester in herrlichen hellen Gewändern mit viel Volk zu dem jeweiligen Fluß oder Bach, der sich für diese Augenblicke in den Jordanfluß verwandelt. Ein Loch wird in die mächtige Eisdecke geschlagen und das Wasser geweiht. Und es wird Wasser entnommen für die Taufbecken für die Täuflinge. So wird die Natur einbezogen in das Erdenreich Christi.

Dann ist es noch der Tag der Epiphanie, der Erscheinung des Herrn, das Königsfest: Christus, Herrscher über den Himmel und die Erde, über die Elemente, der König der Welt.

Die Priester gehen von Haus zu Haus und weihen mit Weihwasser die Wohnungen der Menschen, die Remisen und die Stallungen der Tiere. Im Rheinland und in Bayern schreibt der Priester oder der Hausvater die Anfangsbuchstaben der Heiligen drei Könige an die Türen, C + M + B, und die Jahreszahl, (Das sind Caspar, Melchior und Balthasar). Mir und meiner Mutter hat diese herrliche Sitte so gut gefallen, daß wir in Rußland diese geheiligten Namen auch an unsere Häuser malten. In meinem Haus in Berlin lebt dieser Brauch weiter.

Für die Kinder ist es ein Wonnetag. Sie verkleiden sich als die Heiligen drei Könige, setzen sich Kronen aus Goldpapier auf und wandern, schöne alte Lieder singend, und mit einem Stab, auf dem ein achteckiger goldener Stern aufmontiert ist, von Haus zu Haus. Man schüttet in ihren Sack Pfefferkuchen und Äpfel und allerlei Süßigkeiten hinein. Wie arm sind Kinder, denen solche Erlebnisse nicht mehr zuteil werden, und wie arm die Eltern und Lehrer, die die alten geheiligten Gebräuche verachten! Welche Kraft ist im Symbol verborgen, daß Kinder sich als die Repräsentanten der legendären Könige fühlen. Welche Ehre bedeutet das! Und das Gehen von Tür zu Tür, das Beschenktwerden, die Kommunikation mit den Nachbarn, die Herausforderung, etwas zu geben, die Freude, fröhlichen verkleideten Kindern zu begegnen! Welcher katholische oder evangelische Pastor wagt es heute, seine Kinder aus dem Sprengel auch in die Stadt, ins Hochhäusermeer und auch auf die Gefahr hin, von den Nicht-Gläubigen abgewiesen zu werden, auf den Zug der Heiligen drei Könige auszusenden?!

In der christlichen Ikonografie wird außer der Kreuzigung des Herrn wohl kein Ereignis häufiger dargestellt als das der Geburt und der Huldigung der Heiligen drei Könige. Es werden entweder nach alter Manier Ereignisse, die aufeinander folgen, gleichzeitig wiedergegeben, so daß wir im Bild die Krippe und das Kind in Windeln mit der Gottesgebärerin, Josef, den uralten Simeon und die Hebamme, die das Kind über einem großen Kelch wäscht und aus einem tönernen Krug Wasser über es fließen läßt, die herbeigelaufenen Hirten und zugleich die Könige dargestellt sehen, oder das Erscheinen der Könige wird allein auf das Bild gebannt.

Keine Darstellung eignet sich so gut für die Phantasie des Künstlers wie diese. Märchen, Mythos, Symbol, Legende und Geschichte ergeben einen unermeßlich reichen Stoff. Alles ist in die Freude einbezogen, die Natur, die in der Luft schwebenden Engel und beflügelten Putten, die aus der griechisch-römischen Mythologie stammenden Eroten, die rustikalen Hirten, in Schaffelle gekleidet, und die prachtstrotzenden Könige, die vor dem kommenden König der Erde niederknien und ihre Kronen vor dem Kind auf den Boden legen. Auf den byzantinischen Ikonen liegt die Mutter schräg in der Mitte des Bildes auf einer ovalen purpurnen Liege, die zugleich eine Mandorla sein kann. Überall ist felsige Landschaft, und die Höhle, in der das Kind liegt, ist das Sinnbild für den Eingang zur Hölle, für den Hades oder Scheol, das Reich der Toten, aus der Christus die dort weilenden dereinst erretten wird. Und überall sprießen kleine kräftige Bäumchen, die den Baum des Lebens symbolisieren und auf Christus, den Garanten der Unsterblichkeit, hindeuten. Das Kind liegt in der Krippe wie in einem Sarg und gewickelt, wie weiland die Toten gewickelt wurden. Man findet die gleiche Darstellung bei der Auferweckung des Lazarus, der in gleicher Weise gewickelt ist, wie eine Puppe, die Vorstufe eines Schmetterlings.

Vor dem Kind liegt ein schmaler weißer Streifen, und man denkt an die ausgebreiteten Windeln. Aber es sind nicht die Windeln, es ist wieder ein Vorgriff auf spätere Zeit, es ist das Leichentuch, das Josef von Arimathia, der Essener, zu Jesu Grablegung gekauft hat, in das man seinen Leichnam mitsamt den Spezereien wickeln wird. Dieses Leichentuch spielt in der Christologie eine geheimnisvolle Rolle. Die frühen Künstler des Christentums bis ins fünfzehnte Jahrhundert weisen in den Weihnachtsbildern eindringlich darauf hin. Und in dem Evangelium der Passion und Auferstehung wird ausdrücklich erwähnt, daß es im leeren Grab zusammengefaltet lag und die Jünger Petrus und Johannes hineinstiegen und es geborgen haben. Später begegnet es uns in Kappadozien, und im achten Jahrhundert hing es in Byzanz in der Kapelle des Palastes zu Blachernae, bis die Kreuzritter, die sich als Befreier des Grabes des Herrn in Jerusalem bezeichneten, es raubten. Sie hausten wie die Vandalen im eroberten christlichen Land von Byzanz. Nun befindet es sich in Turin unter dem Namen des Turiner Grabtuchs und wird in der Welt wie ein fünftes Evangelium verehrt.

Rechts in der Ikone sehen wir die weise Frau, die das Neugeborene wäscht. Sie hält es über einem großen künstlerisch geformten Kelch und gießt Wasser aus einem Tonkrug über das Kind. Das ist die symbolträchtigste Szene. Der Kelch ist Christus, der die Gnade über die Menschheit ausgießt, er ist auch das Bild des Menschen, in den die Gnade Christi hineinströmt, das Gefäß ist ein Bild der menschlichen Seele. In dieser Ecke des Bildes wird das Mysterium der Erlösung der Menschheit aus ihrer Verfangenheit im Bösen der Sünde kundgetan. Der Tonkrug, aus dem das fließende Wasser auf das Kind strömt, ist der vorausgenommene Akt der Taufe, der Taufe im fließenden Wasser, die Vermählung des Menschen mit diesem labenden und reinigenden Element. Und der Tonkrug bedeutet nach den Worten des Paulus: »Wir haben aber solchen Schatz in irdenen Gefäßen, auf daß die überschwengliche Kraft sei Gottes und nicht von uns.«

Der Kelch, das sakrale Gerät der Christenheit, in dem das verwandelte Blut Christi nach dem Opfer des Melchisedek transsubstanziiert wird – aus der pflanzlichen Traube wird das lebenspendende Blut des Heilands –, verwandelt sich in den Legenden des Mittelalters in den Heiligen Gral, in das Gefäß, das Josef von Arimathia nebst dem Speer, mit dem man Jesu Brust aufschlitzte, geborgen und auf lange Wanderschaft mitgenommen hat. Schließlich wurde es in einem geheimnisvollen Schloß in England eingeschlossen, das vom Fischerkönig behütet wurde. Die Ritter des legendären König Arthus, Parzival und Galahad und auch die anderen, gehen auf die Quest, die Suche nach dem Heiligen Gral, aber nur dem Makellosen und Reinen, Galahad, gelang es, das überirdisch-strahlende Gefäß zu schauen.

Diese märchenhafte Sage, das hohe Lied der Ritterlichkeit, das Ideal der Keuschheit und der verfeinernden Minne spinnt sich vom Mittelalter bis in unsere Tage. Sie wird in Wagners Oper »Parsifal« lebendig. Bretonische, provenzalische, englische und deutsche Dichter haben das Thema bearbeitet, und es ist in die arabische, persische, georgische und armenische Literatur des Mittelalters eingedrungen.

Der ganze Monat Januar ist im kirchlichen Geschehen dem Christkönig geweiht, vom göttlichen Kind zum Welterlöser, dem überhöhten Jesus, dem Sotēr, dem Erlöser. Eine Freude liegt in den Liturgien, und wer sie noch zu erleben vermag, dem teilt sie sich mit und erhöht mit dem geheimnisvollen Gralslicht sein Leben.

Im Brief an die Thessalonicher (5,16) ruft Paulus: »Seid allezeit fröhlich!« In einem alten Brief aus der Zeit um 140 nach Christus schreibt ein Unbekannter: »Die Fröhlichkeit, die stets Gnade bei Gott hat und ihm angenehm ist, die ziehe du an und schwelge in ihr! Denn jeder Fröhliche tut Gutes und denkt Gutes und spottet der Traurigkeit. Der Trübselige aber handelt allewege böse.«

Die Frohe Botschaft, das Evangelium, ragt aus allen heiligen Schriften hervor durch sein radikales Bekenntnis zur Freude. In keiner anderen religiösen Lehre, die alle höchsten sittlichen Wert haben, auf Gott bezogen sind und den Menschen auf das Göttliche hin erziehen, wird die Freude als das Element des geistigen Lebens derart in den Mittelpunkt des Lebens und der Beziehung zu Gott gestellt. Das Schlimme ist, daß die Welt genau so dunkel und unruhig, ungerecht und kriegerisch bleibt, wie sie war. Die Mächtigen suchen nach Vermehrung ihrer Macht und scheuen nicht vor Massenvernichtungen zurück. Elend, Armut, Krankheit, Traurigkeit und Tod herrschen wie immer. Man braucht nur eine Zeitung in die Hand zu nehmen, um mit Entsetzen festzustellen, wie das Böse regiert. Menschen morden sich gegenseitig, ohne sich zu kennen, aus Lust an Mord und Vernichtung, und man muß fast glauben, daß ihr Gewissen erstarrt sei. Wenn man die Dinge so sieht, dann kann man nur verzweifeln und dysphorisch werden. Woran sollte man sich noch freuen in dieser teuflischen Welt?

Und dennoch kann der Bezirk der Freude im Menschen von all den Schrecknissen unbeeinflußt bleiben. Man kann sich inmitten aller Bedrängnisse freuen. Es gibt so vieles, worüber man sich freuen kann. Wir können uns die Freude aufbauen aus zahlreichen kleinen Mosaiksteinchen, die für sich allein bedeutungslos sind, aber in der Zusammenfügung ein wunderbares Bild ergeben. Natürlich kommt es darauf an, daß man den einzelnen Elementen die rechte Bedeutung zumißt. Wo fängt man an? Man wacht auf und hat geschlafen. Man hatte ein schönes Bett, eine warme Decke, ein weiches Kissen und das Zimmer war geheizt. Ist das nicht etwas Wunderbares! Haben alle solch ein Zimmer und ein Bett, und wäre es nicht angemessen, Gott und dem Schutzengel für die Behütung dieser Nacht zu danken? Gibt es nicht Räuber und Einbrecher, die ihre schändliche Arbeit bei Nacht verrichten, oder Entführer, oder Orkane, die Überschwemmung bringen oder das Dach abdecken, oder gar Kriege, oder Streiks, die das Licht oder die Heizung ausgehen lassen? Wenn etwas dergleichen passiert, dann erst merken wir, wie unverdient behütet wir waren und wie schmerzlich das Unbehütetsein ist. Aber wir lesen alle Tage über solche Dinge in der Welt. Und die Älteren unter uns haben in den wechselvollen Geschicken so viele Nöte erlebt und durchlitten.

Der Christ nimmt das Gute und das Leidvolle aus Gottes Hand und versucht, es innerlich zu transformieren. Der satte Christ ist uns kein rechtes Beispiel. Paulus in seinem Brief an die Korinther sagt: »Wir haben allenthalben Trübsal, aber wir ängsten uns nicht; uns ist bange, aber wir verzagen nicht; wir leiden Verfolgung, aber wir werden nicht verlassen; wir werden unterdrückt, aber wir kommen nicht um; wir tragen allezeit das Sterben des Herrn Jesu an unserem Leibe, auf daß auch das Leben des Herrn Jesu an unserem Leibe offenbar werde.«

Wir haben allen Grund zu danken, denn es wird uns viel geschenkt, die Gesundheit und das Wohlbefinden, die hübsche Kleidung und das gute Essen.

Denken wir daran, wenn uns am Morgen die Ehefrau das Frühstück bereitet, mit wieviel Liebe und Aufopferung sie das tut und wie köstlich das Brot mit der Butter oder Margarine schmeckt, und daß es uns zugetragen wird von hunderten von Händen, die es gesät, gedüngt, bewässert, geerntet, gesammelt, gemahlen, gebacken haben, bis daß wir es vielleicht gedankenlos zum Mund führen. Wir dünken uns als Gerechte, aber wo sind die alten guten Zeiten, als die Heiden, Juden und Christen den Segen über das Brot sprachen, ehe sie es verzehrten, oder im Gebet für die Gaben dankten? Es ist dieselbe Hand, derselbe Mund, derselbe Magen, aber gibt es nicht einen grundlegenden Unterschied, ob wir die geschenkten Dinge gedankenlos verzehren oder ob wir uns in jener Tätigkeit mit Gott, dem Geber verbinden? In dem einen Fall geschieht auch das Essen danklos und geistlos, im anderen erhält es eine erhöhte Bedeutung, wird mit Freude erfüllt und gereicht dem Menschen zum Segen.

Viele Kinder werden im Überfluß und in Ansprüchen erzogen, und sie lernen nie, zu danken. Sie nehmen das Gegebene hin, ohne Freude zu zeigen. Wir wissen aber, welche Freude es uns macht, wenn wir jemandem etwas schenken und er sich darüber sichtbar freut: die Freude springt auf uns über und das Schenken macht uns glücklich. Würden die Kinder an dem Segnen der Speisen oder an dem Dankesgebet teilnehmen, sie würden es als selbstverständlich erleben, daß man für die Gaben des Lebens dankt, und es würde keiner intellektuellen Erörterungen bedürfen, ob dies

44

richtig sei oder falsch. Darüber können sich nur Menschen streiten, die den Sinn des Segnens und des Dankens nicht mehr verstehen.

Es gibt ausgesprochen freudebegabte und freudlose Menschen. Es ist eine Frage des Naturells, aber es ist auch in hohem Maße eine Frage der Erziehung. Wie soll ein Kind, das in freudloser Umgebung aufwächst, von depressiven, pessimistischen, mißtrauischen, neidischen Eltern umgeben ist, die Freude erleben? In einem Haus, dessen Luft mit Freude und Heiterkeit, Humor und Leichtigkeit erfüllt ist, in dem man sich beschenkt, tanzt und singt, und sich segnet, da ist die ganze Atmosphäre freudig. Das zeigt gut ein Beispiel: in Betrachtung eines zur Hälfte gefüllten Glases sagt der Pessimist, es sei halb leer, der Optimist sagt, es sei halb voll. Es kommt also allein auf die geistige Qualität des Einzelnen an. Der Neurotiker ist immer freudlos, weil es im Wesen der Neurose liegt, daß er alles Ungute auf sich bezieht, daß er sich immer von den Menschen und vom Leben benachteiligt fühlt. Die ganze Welt, die Politik, das Wetter haben sich gegen ihn verschworen. Typische Ausdrücke von Neurotikern: »Natürlich muß gerade mir das passieren!« oder: »Warum gerade ich?«

Dennoch bin ich überzeugt, daß die Freude erlernbar ist. Sie ist ein zutiefst schöpferisches und geistiges Element. Sie wird einem nicht und von niemandem gegeben. Man muß sie aus seinem tiefsten Inneren hervorholen. Sie ist die Schwester der Phantasie. Der phantasiebegabte Mensch sucht und findet überall Anlaß zur Freude, er läßt sie in sich wachsen und groß werden, er ist erfüllt von Dank und Liebe zum Leben, und er wird nicht nur glücklich, er wird alle Wesen, denen er begegnet, froh machen. Die Freude ist das Bindeglied zwischen Mensch und Gott; der Mensch bietet sie Gott aus seinem Herzen an und erhält sie vergeistigt und strahlend aus seiner Hand zurück.

Jedes Land dieser Erde beschenkt uns mit seinen Produkten, und es ist immer die Hand und die Phantasie der fernen Menschen, die sie schaffen, aber es ist auch das Wasser des Regens und die Befruchtung durch den Wind und die Insekten, und das Licht und die Wärme der Sonne und im tiefsten Grunde Gottes weltumfassende Liebe, die das alles zustande bringt. Natürlich kann man in aller Hast in einen Apfel beißen oder ein Stück Brot oder Fleisch essen, es ist doch nur ein Apfel, nur Brot, nur Fleisch, tote Gegenstände. Aber wenn man mitten im Kauen all dieser Gaben des Lebens in Dankbarkeit und Weihe denkt, gibt es beim Akt des Essens eine echte Kommunikation, eine geheimnisvolle Gemeinsamkeit mit den Menschen und den Dingen.

Oder wir sind krank, leiden Schmerzen, müssen operiert werden, wir liegen zuhause oder in der Klinik. Wir hadern mit unserem schrecklichen Schicksal. Warum muß uns das gerade passieren? Wir verfluchen den Schmerz. Aber wir können nicht immer in solchem Protest leben. Es kommt eine Zeit, da wir uns beruhigen und anfangen, über uns und unsere Leiden nachzudenken, über unsere Fehlerhaftigkeit, Selbstgerechtigkeit, Unduldsamkeit, Schroffheit, Unbeherrschtheit, Ungeduld. Es wird uns klar, daß wir ganz falsch gelebt und unsere Umgebung tyrannisiert haben, und wir versprechen uns, uns zu ändern. Oder es geschieht etwas anderes. Wir sind krank und leiden. Dann läßt die Krankheit nach oder vergeht. Geschieht es wirklich, daß wir Gott und dem Doktor und jenen, die uns aufopferungsvoll pflegten, danken, daß wir das Wunder der Genesung überhaupt wahrnehmen? Wir hatten sie doch so sehnsüchtig herbeigewünscht!

Auch eine gestörte Ehe kann wieder in Ordnung gebracht werden, wenn die, welche sich auseinandergelebt haben, sich darum bemühen, zueinander in Liebe und Ehrfurcht zu finden! Es ist ein langer Weg zu sich selbst und zu dem anderen. Es gilt in sich selbst Anlagen zu finden, die wir innerlich bejahen und nach denen wir unbewußt suchen. Das sind Freundlichkeit und Höflichkeit, Rücksicht, Hilfsbereitschaft, Ritterlichkeit und Geduld. Niemand möchte in den Augen der anderen als ein ungehobelter Klotz gelten, und so kommt es, daß man sich in Gegenwart von Fremden und in Gesellschaft gut benimmt. Nur zuhause läßt man, wenn man die Krawatte auszieht, die guten Manieren fallen.

Daß es in unserer Welt so schlimm aussieht, liegt an der neuen Generation, die, wie es den Älteren scheint, immer zügelloser, selbstbezogener, egoistischer, dranghafter, unmoralischer wird. Aber warum wird sie das? Liegt es im Urwesen des Menschen, liegt es an den Gestirnen, an der Erbmasse? Oder liegt es vielleicht doch an den Elternhäusern, an den gestörten Familien, am schlechten Beispiel? Mit welcher Wonne erleben wir die Erdankunft eines Kindes. Wieviel Liebe und Sorgfalt investieren wir in sein junges Leben, aber wie bald zeigen wir uns der Aufgabe der Sorgfalt und der Erziehung nicht gewachsen!

Das Kind in seiner Auseinandersetzung mit der neuen Welt bedarf der Stille und der Geborgenheit. Lautes Reden, Schimpfen, Anschreien, Gezänk, aber auch lautes Radio und Fernsehen prallen gewaltsam gegen seine empfindsamen Organe und verletzen es seelisch, es fühlt sich verunsichert. Es wird mißtrauisch und verliert den Kontakt zu den Menschen. Solche frühen Schäden führen zu so tiefgreifenden freudlosen Erfahrungen, daß sie sich in der Seele, aber auch im Vegetativum festsetzen, und diese Schäden kann man später nur sehr schwer heilen.

Gegen Ende Januar, am 25., ist das Fest der Bekehrung des Saulus in den Paulus. Dieser Mann wird bei der Steinigung des ersten christlichen Märtyrers, des Diakons Stephanus, erwähnt. »Sie schrien aber laut und hielten ihre Ohren zu (als er zu ihnen predigte) und stürmten einmütig auf ihn ein, stießen ihn zur Stadt hinaus und steinigten ihn. Und die Zeugen legten ab ihre Kleider zu den Füßen eines Jünglings, der hieß Saulus« (Apostelgeschichte 7, 56–57).

»Saulus aber hatte Wohlgefallen an seinem Tode. Es bestatteten aber Stephanus gottesfürchtige Männer und hielten eine große Klage über ihn. Saulus aber verstörte die Gemeinde, ging hin und her in die Häuser und zog hervor Männer und Weiber und überantwortete sie ins Gefängnis ... Saulus aber schnaubte mit Drohen und Morden wider die Jünger des Herrn und ging zum Hohenpriester und bat ihn um Briefe gen Damaskus an die Schulen, auf daß, so er etliche dieses Weges fände, Männer und Weiber, er sie gebunden führte gen Jerusalem. Und da er auf dem Wege war und nahe an Damaskus kam, umleuchtete ihn plötzlich ein Licht vom Himmel und er fiel auf die Erde und hörte eine Stimme, die sprach zu ihm: ›Saul, Saul, was verfolgst du mich?‹ Er aber sprach: ›Herr, wer bist du?‹ Der

Herr sprach: ›Ich bin Jesus, den du verfolgst. Es wird dir schwer werden gegen den Stachel zu löken!‹ Und er sprach mit Zittern und Zagen: ›Herr, was willst du, daß ich tun soll?‹ Und der Herr sprach zu ihm: ›Stehe auf und gehe in die Stadt, da wird man dir sagen, was du tun sollst.‹

Die Männer aber, die seine Gefährten waren, standen und waren erstarrt; denn sie hörten die Stimme und sahen niemand. Saulus aber richtete sich auf von der Erde, und als er seine Augen auftat, sah er niemand. Sie nahmen ihn aber bei der Hand und führten ihn gen Damaskus; und er war drei Tage nicht sehend und aß nicht und trank nicht« (Apostelgeschichte 8,1–3; 9,1–9). Hier erleben wir, wie so oft in den Geschichten der Bibel, die innere Umkehr. Paulus war tatsächlich ein eingeschworener Feind der Christen und ein Agent provocateur. Er bekennt es selbst offen. Er zettelte Morde und Verhaftungen an und hatte Genugtuung an dieser seiner Gesinnung und seinem Handeln. Die Umkehr kam nicht durch langsames Nachdenken, sie kam durch eine plötzliche Begegnung mit dem Herrn. Ähnlich erging es dem Heiligen Franz von Assisi und einem Mann unserer Zeit, dem Sâdhu Sundar Singh.

Es ist tröstlich von solchen Wandlungen zu wissen. Man sollte die Voreingenommenheit gegen Menschen, die Ungutes tun, nicht verewigen. Wer von uns weiß, wann seine Stunde schlägt?

FEBRUAR · JUBEL, TRUBEL, HEITERKEIT

Januar ist die Zeit der Vergnügungen, der Feste und Bälle und Lustbarkeiten, die im Februar vor dem großen Fasten der Passionszeit enden. Es ist eine bukolische Reverenz an die Lust der Sinne. Die alten römischen Feste der Luperkalien und der Saturnalien, die das Nahen des Frühlings anzeigten und den Fruchtbarkeitsgöttern gewidmet waren, leben hier weiter. Das Volk tanzt und feiert festliche Gelage, es tobt sich vor der asketischen Strenge der Fasten aus. Die herrliche uralte Sitte der Maskierung wird jedes Jahr wieder lebendig. Der Mensch ist nicht mehr er, er tauscht seine Identität gegen eine andere. Mit den Masken hatte man früher böse Dämonen und andere Naturkräfte hinters Licht geführt und sich ihnen entzogen. Es ist ein Selbstbetrug, man glaubt, hinter der Maske sich verstecken zu können und sei von ihr beschützt. Es ist ein alter Glaube. Die Chinesen gaben ihren Kindern abscheuliche Namen, um den Neid und die Mißgunst der Dämonen von ihnen fernzuhalten. Wie kann schon ein Kind schön und anmutig sein, wenn es »Häßliche lahme Ente« heißt. Bei uns ist der Name, den die Eltern dem Kind geben, ein Symbol, ein Merkmal und ein Auftrag. Viele Familien vererben die Namen ihrer großen Ahnen an ihre Söhne und Töchter.

Diese Anonymität, die die Maske verleiht, schützt einen zugleich vor mancher Angst. Ich hatte eine verehrte Freundin in meiner Bonner Studienzeit, die Gräfin Maria von Linden-Aspermont, sie war der erste weibliche Professor in Deutschland. Sie erzählte mir aus ihrer Kindheit eine Geschichte, die mich sehr erheiterte und mir zugleich zu denken gab. Sie hatte eine uralte Großmutter, vor der sie unheimliche Angst hatte; es war das faltenreiche Gesicht mit fast erloschenen Augen, der zahnlose Mund und die mageren Hände mit dicken Adern, die wie Vogelkrallen aussahen. Sie hatte eine heisere Stimme, und wenn Maria ihr einen Kuß geben mußte, ekelte sie sich, weil die alte Dame nicht mehr gut roch. In einem Wort, jene morgendlichen Begrüßungen waren ihr ein Greuel und sie hatte Angst vor diesem Wesen, das zwischen den Welten stand.

Eines Tages fand Maria als Rest eines Karnevalsballs eine Maske, die ein Schweinsgesicht darstellte. Sie zog sie sich an und ging so beschirmt zur Großmutter. Die Großmutter erschrak, mußte aber dann doch lachen, und Maria merkte, daß sie hinter der Larve ihre Angst vor der Ahne verlor. Sie wagte es sogar irgendwelche Mätzchen zu vollführen, und sie fühlte sich von der Pflicht entbunden, mit der Dame zu sprechen, sie grunzte nur wie ein Schwein. Nach jener befreienden Erfahrung zog sie die Maske bei jedem Besuch bei der alten Dame an, allerdings beschwerte sich die Großmutter, daß sie das Kind nie mehr sehe, bloß nur noch das Schweinchen. Da wurde ihr die Maske abgenommen. Doch nach dieser Erfahrung war ihre Angst vor der Begegnung geringer geworden.

Ich begann mich ähnlicher Begebenheiten aus meiner Jugend zu erinnern. Bei uns gehörte das Sich-Maskieren nicht nur in die Zeit der Butterwoche, des russischen Karnevals, sondern auch in die Zeit der zwölf heiligen

Nächte um Weihnacht. Außerdem liebten wir es Theater zu spielen. Mama inszenierte mit uns viele Märchen, dann zogen wir Masken von Gnomen, Seejungfern, Waldschratten und mancher angsteinflößender Ungeheuer an. Ich erinnere mich noch gut an das atemberaubende und zugleich beglückende Gefühl, daß man in der Auswechslung der eigenen Person sich plötzlich hinter dem Schutz der Maske mutig und angstlos fühlte. Ich wagte sogar meinem Stiefvater Karluscha zu begegnen, ohne zu zittern. Er erkannte mich auch nicht, und so war ich nicht mehr ich, der ihm begegnete. Es war ein wahrhaft magisches Spiel. Während der Zeit der Verkleidung war man jemand anderer. Der Andere lebte in einem und sprach aus einem. Und wenn man die Maske abnahm, gab es während kurzer Zeit ein Übergangsstadium, man konnte sich nicht so schnell von dem anderen trennen. Man wuchs sozusagen erst allmählich in sich selbst wieder hinein.

Als Kind hatte ich ein Schlafzimmer für mich allein. Es war ein helles Zimmer mit einem Messingbett, einer Kommode, die Wände waren hell. In der östlichen Ecke, wie in allen russischen Häusern, ob in Hütten oder Palästen, war die Gottesecke. Eine große Ikone des lehrenden Heilands mit erhobenem Finger, der mir immer drohend erschien, hing zuoberst, dann die Muttergottes von Tichwin im silbernen, vergoldeten Oklad. Das Kind mochte so alt sein wie ich damals; ich liebte das Kind und betrachtete es als Kamerad. Vor dem lehrenden Christus, der sehr streng dreinschaute, hatte ich Angst, ich wußte, daß er alles sah und hörte, und es war mir sehr unangenehm und unheimlich, in solcher Weise beobachtet zu werden. Es war mir aber klar, daß ich sehr viel mehr Streiche ausgeführt hätte, wenn ich mich nicht beobachtet gefühlt hätte. Vor den Ikonen brannte in einer roten Lampade ein ewiges Licht, das immer hin und her flackerte und lange unruhige Schatten in den Raum warf.

Wenn die Njanja nach langem Knien und Beten ächzend aufstand, mir einen Gutenachtkuß gab und mich bekreuzigte, dann ging sie weg und ließ mich in der ungewissen Dunkelheit allein, allein mit dem großen strengen und dem kleinen freundlichen Heiland. Die Konturen der Möbel konnte man nur verwaschen erkennen, es war, als ob sie von unbekannten Wesen angefressen worden wären. Es gab viele seltsame Geräusche im Raum. Einige Geräusche kamen aus dem Park, das unheimliche Jaulen der Eulen und der Käuzchen, das Bellen der Hunde, das Heulen des Windes und im harten Winter das entfernte und drohende Heulen der hungrigen Wölfe. Im Raum waren es das Huschen der Mäuse, das Knarren der Dielen und das regelmäßige Ticken der alten Uhr, das eher beruhigend wirkte.

Ich wußte aber, daß der Raum angefüllt war mit nächtlichen Wesen, die man am Tage nie sah. Ehrlich, man sah sie auch in der Nacht nicht recht, aber man ahnte sie, in dem Flackern der rötlichen Schatten sah man undeutlich Gestalten ohne feste Konturen vorbeihuschen, und ich hatte immer den Eindruck, daß sie sich am liebsten unter meinem Bett verbargen, weil ich nie darunter zu schauen vermochte. Sicher waren es Rudimente von Märchen und Geschichten, die ich von meiner Njanja gehört hatte, von Gnomen, Elfen, Waldschratten und dem riesigen Domowói, dem Hausgeist, und nicht zuletzt von den Teufeln, weniger von dem luziferischen Satan, dem König der Teufel, als von den verspielten jungen Teufeln. Am Tage war ich ganz

NACHT vergnügt. Allerdings erzählte die Njanja diese Geschichten mit Vorliebe in der Dämmerung, und sie veränderte ihre Stimme dabei, die zu einem tiefen Baß herabsank. Als es also dunkel wurde und die Zeit zum Schlafengehen nahte, die ich durch alle möglichen Manipulationen hinauszuzögern trachtete, wuchs die würgende Angst in mir immer mehr. Da ich wußte, daß die Teufel unter dem Bett waren, hüllte ich mich ganz dicht in die Decke und trachtete, daß kein Zipfel davon aus dem Bett heraushing, wie leicht könnte ein Teufel sich seiner bemächtigen und auf diesem Wege zu mir ins Bett kriechen. – Solche Erlebnisse hängen einem nach. Dieses Einwickeln in die Decke praktiziere ich noch heute, es gibt mir das Gefühl der Geborgenheit.

Ich verhielt mich ganz ruhig im Glauben, die Teufel könnten denken, daß ich gar nicht im Bett sei. Dann überlegte ich mir die vielen Ungehorsamkeiten und Streiche und kleinen Bosheiten, die ich am Tage begangen hatte, von denen weder Mama noch Njanja etwas wußten, aber fatalerweise wußte es der liebe Heiland, und da bat ich ihn um Verzeihung und versprach, solches nicht wieder zu tun. Im Augenblick glaubte ich sogar an dieses Versprechen. Irgendwann schlief ich dann ein. Aber die Geister schwirrten weiter und viel bedrohlicher durch die Träume. Wie oft war ich selig, zu erwachen und zu erfahren, daß die Wirklichkeit in der Helligkeit des Morgens viel harmloser war.

Eines Abends fand ich eine Maske, die ich zu einer Theateraufführung angehabt hatte, und ich schmuggelte sie ins Bett und zog sie an, als Njanja mich verließ. O welche Wonne, die Angst war weg, nun war ich es, der die Dämonen betrog. Ich wagte sogar, keck unter das Bett zu schauen, um die Gestalten zu erschrecken.

Allerdings waren die Träume durch den Sauerstoffmangel viel angstvoller als sonst, und der Eklat kam erst beim Erwachen. Die Maske war verrutscht und ich konnte nicht sehen, daß die Njanja in ganzer Körperfülle vor mir stand und sie mir recht unsanft vom Gesicht riß. Dann kam ein großes Geschimpfe und Mama wurde geholt. Eigentlich wollte sie darüber lachen, aber Njanjas Unerbitterlichkeit rief sie zur Ordnung. So war die Bewältigung der Angst nur eine kurze Episode.

Die Angst ist einer der wesentlichen Negativfaktoren unseres Lebens. Sie begleitet den Menschen von der Wiege bis zur Bahre, sie hat tausend Gesichter. Sie bedroht die Kreatur von vielen Seiten.

Es gibt unzählige Dinge, die in der Erbmasse des Menschen verankert sind; da ist der Geltungstrieb, die Lust am Besitz. Er möchte alles ergreifen, festhalten und für sich behalten. Wenn er diesem Trieb ungehemmt nachgibt, wird er zu einer Gefahr für die anderen. Er muß es sehr früh lernen, auf den Besitztrieb zugunsten der anderen teilweise zu verzichten. Das fällt ihm sehr schwer und es ist sehr schmerzlich, er meint, daß ihm dabei ein Stück seiner Seele herausgerissen werde. Er hat Angst, etwas von dem, was er besitzt, was er erworben, zu verlieren. So stolpert die Menschheit seit den Zeiten von Adam und Eva, Kain und Abel, Noah und Abraham in den gleichen Fußstapfen der durch Generationen vorgebildeten Fehler, und jede macht sich schuldig an der nächsten.

Der Mensch beginnt Dinge zu sammeln und anzuhäufen, die nicht unbedingt lebensnotwendig sind. Dieser Trieb, zu ergreifen, an sich zu nehmen, zu besitzen, ist sehr stark, und er ist lebensgefährlich, er ist

55

fatal, er ist der Ursprung aller Gehässigkeiten, des Neids, der Habgier, des Mißtrauens, aller Zwistigkeiten und aller Kriege. Immer schielt der eine auf den Besitz des anderen und dieser erscheint ihm schöner und begehrenswerter. Kain erschlug Abel aus Neid, und seitdem hören die Kämpfe, die Herausforderungen, die Kriege nicht auf, und immer ist es der Besitz des anderen, der den Gegner reizt.

Wenn die Menschen hemmungslos ihren Machtanspruch durchsetzen könnten, so hätten die Starken die Schwächeren bereits längst vernichtet. Aber es gibt in der Welt auch immer gleich Starke, so daß sie es nicht wagen, den anderen anzugreifen. In der Politik nennt man es »das Gleichgewicht der Kräfte«, und man baut darauf, daß das Risiko dann zu groß ist, den Gegner anzugreifen. Die Kleineren und Schwächeren dagegen werden bei passender Gelegenheit scheinheilig und rücksichtslos vereinnahmt.

Es gibt aber doch ein Regulativ gegen ungehemmte Besitzeslust. Es ist der Gegner, der sich erfolgreich wehrt und den Angreifer lehrt, daß es Grenzen gibt. Dieser erfährt auch, daß er nicht aus sich allein leben kann und der Menschen, Kreaturen und Dinge zum Leben bedarf, und er lernt es widerwillig, seine Triebe zu beschneiden, wie ein Gärtner die Bäume beschneidet, die Früchte tragen sollen. Jeder große gottgesandte Führer eines Volkes, ein Führer der Menschheit, hat von Gott Gebote erhalten, die für sein Volk oder seine Rasse bindend sind. Wir kennen solche Lehren von dem keltischen Druiden Ram, der aus dem Norden kommend Persien und Indien erobert hat, von dem Inder Krishna und von Buddha und von deren Zeitgenossen in China Kung-fu-tse und Lao-tse, von dem babylonischen Hammurabi, von Moses und von Zoroaster in Persien.

Dann aber erschien Christus und warf ein ganz neues Element unter die Menschen: die Liebe, die Liebe zu Gott, die Liebe zueinander, die Liebe zur Kreatur, die fortan zum Urgrund alles Handelns werden sollte. Es ist ein Unterschied, ob einer sich so und so verhält, weil er nach einem Verhaltenskodex es muß, oder ob er es aus freier liebender Entscheidung Gott und den Mitmenschen gegenüber tut. Man muß diesen Unterschied begreifen. Man kann ihn nicht mit dem Intellekt verstehen.

Der Religionsphilosoph Mircea Eliade sagt: »Der religiöse Mensch nimmt ein Menschsein auf sich, das aus anderen, transzendenten Bezirken in ihn eingestrahlt wird. Das ist es. Das Gebot der Liebe ist weder Libido noch Sex, es ist eine von Gott ausgehende Kraft. Und leben und erleben kann sie nur, wer die lebendige Beziehung zu Gott noch in sich erhalten hat. Unsere moderne säkularisierte Zeit tut alles, um die Wurzeln zu Gott abzuschneiden. Aber niemals werden wir in dem historischen Materialismus oder in der Lehre Freuds oder in der Soziologie jenes Wunder erleben, das aus der Liebe Christi zu der Menschheit strömt.«

Für den Nichtchristen bleiben die klaren Worte des Apostels Paulus in seinem Brief an die Korinther rätselhaft und unverständlich: »Wir haben aber solchen Schatz in irdenen Gefäßen, auf daß die überschwengliche Kraft sei Gottes und nicht von uns.«

Aus solchem Glauben lebten die Christen seit zwei Jahrtausenden und sie leben daraus heute noch und sind bereit, für Christus, für die Kirche und für ihre Brüder Verfolgungen, Gefangenschaft und Tod zu erdulden.

Manchmal sieht es so aus, als ob die christliche Kirche und die Lehre Christi ihre Kraft verloren hätten, abgestorben und erstickt seien in unlebendigen Dogmen. Aber das ist nur die neunte Welle des Sturmes, der über unser Zeitalter brandet. Es hat immer solche Zeiten gegeben, leere und verkommene Kirchen, leere Klöster, wilde Orgien der Wiedertäufer, der Bauernkriege, zerbrochene sakrale Kunstwerke in der Reformation und im dreißigjährigen Krieg, der große Ähnlichkeit mit dem Bruderkrieg in Nordirland hat, die radikale Absage an das Christentum in der französischen Revolution, zerstörte Altäre, verjagte und guillotinierte Priester und daneben der neu aufgerichtete Altar für die Göttin der Vernunft; und die nahezu totale Zerstörung der Kirchen und Klöster in der Zeit der Säkularisation, ausgerechnet in der Zeit des romantischen gemüthaften Biedermeier.

Zuletzt, vorbereitet durch die Philosophie der Aufklärer und Atheisten und die Lehren von Marx, Bakunin, Kropotkin, die radikale Absage an Gott und Christus im Bolschewismus, die Verfolgung der Gläubigen und der Priester und ihre nahezu totale Vernichtung unter Lenin und Stalin in Arbeitslagern und in dem berüchtigten, zum Konzentrationslager umgewandelten Kloster im höchsten Norden Rußlands, in Ssolowki. Mehr als anderswo begegnen wir da den christlichen Märtyrern, den frohen Bekennern und Duldern, deren geistige Macht so groß war, daß die unmenschlichen Wachmänner eine heilige Scheu vor diesen Helden des Glaubens ergriff. Und dennoch, gerade in der Verfolgung und Bedrohung, wächst im bolschewistischen Rußland ein neues mutiges Christentum heran.

Der Mensch lebt nicht vom Brot allein, wenn Brot

genug da ist. Die atheistischen Parolen und das stereotype Heldentum der Arbeit sind ein Surrogat, aus dem man nicht lange leben kann. Wer sich dann in die halbdunkle Geborgenheit der orthodoxen Kirche begeben hat und das Wunder der feierlichen Liturgie miterlebt, die er vielleicht gar nicht versteht, aber die himmlischen uralten Gesänge, das Psalmodieren des Priesters und die verinnerlichte Andacht der Gläubigen erlebt, der spürt, daß hier etwas sich vollzieht, das jenseits des menschlichen Alltags liegt und seine Quellen aus einer anderen Welt bezieht.

Die Ahnen und die Kirche und die Tradition, gegen die die heutige Menschheit so massiv anstürmt, haben alle gemeinsam, daß sie aus den ältesten und im Mensch zu tiefst verankerten endothymen Erfahrungen leben, die älter sind als die Ausbildung der Gehirnrinde und der Intellekt. Da ist noch die geistersichtige Einbettung in die Welt des unverdorbenen Kosmos mit der Sonne und dem Mond und den Gestirnen, den bergenden Bäumen, den Wettern und den Tieren, und den Geistern des Himmels, der Hölle und der Lüfte, der Wasser, der Berge und der Erde. Schicksal war die Einfühlung in das Konzert jener geheimnisvollen, gewaltigen, intellektuell nicht deutbaren Kräfte. Da war auch die Urangst der menschlichen Kreatur gegenüber diesen schützenden oder vernichtenden Gewalten. Gebärde, Wort, Gefühl waren noch erfüllt von machtvollen Impulsen. Man kannte Beschwörungen gegen die angreifenden Geister und heilige Zeichen, mit denen man sie bannte, die man an die Pfosten der Türen und Stallungen und an die Bäume oder Tore seines Besitzes heftete. Die Gegenstände, die man sich schuf, waren Gegen-Stände, ein rechtes Gegenüber, ein personifiziertes

Ding, ausgestattet mit einer eigenen Macht. Nicht umsonst nannte man sich mit dem Namen seines Klans und führte Wappen, Schutzsymbole, die nur der eigenen Familie galten und sie beschützten, man gab Namen seinen Kindern und seinem Vieh, und seinen Dingen, den Werkzeugen des Krieges, der Jagd, der Bearbeitung der Erde und des Hauses. Und man opferte Gaben der Felder und der Jagd den Göttern und den dienstbaren Geistern.

Es ging eine ungeheure bergende Kraft von solchen Dingen, Namen und Symbolen aus. Der preisgegebene Mensch wußte sich beschützt, und diese Erfahrung gab ihm ungeheure Kraft im Kampf, im Überwinden und im Bestehen, und weil er aus dieser innerlichen Beziehung zu den Symbolen seiner Ahnen, die zugleich göttlichen Ursprungs waren, einen unerschütterlichen Glauben hatte, wurde er angstlos.

Alle Institutionen der Religion haben darin ihren Ursprung, und ob wir es anerkennen oder nicht, sie leben tief in uns drin, in unseren unbewußten Vorstellungen, sie kommen in unseren Phantasien, unseren Ängsten und unseren Träumen hervor, und es nützt uns nichts, wenn wir sie wie lästige Insekten von uns scheuchen, sie sind stärker als unser Intellekt. Man mag, genährt mit Pseudophilosophien und materialistischen Grundsätzen, viele Verhaltensweisen, die aus uralten, nicht mehr erklärlichen Traditionen stammen, oder gar die Symbolik der Kirchen und ihre Liturgien und Bräuche ablehnen, was haben sie schon mit der Lehre Christi zu tun?

Das wirkliche Geheimnis ist, daß die Lehren Christi, oder Rams oder Krishnas, oder Buddhas, oder Zoroasters gewaltig sind und der jeweiligen Menschheit immer neue und immer großartigere geistige Impulse gaben, das Sein revolutionierten und den geistigen Menschen zu immer größeren Vollkommenheiten führten. Aber neben diesen Lehren lebt noch der kosmische Urmensch in uns, und er ist nicht bereit, die archetypischen Dinge in sich preiszugeben. Seine Urseele, die brüderlich mit den Seelen der Ahnen und der Nachkommen, mit den Tieren und Pflanzen und Steinen, mit Engeln und Dämonen und Elementargeistern verbunden und göttlichen Ursprungs ist, sie ist nicht bereit, auf ihre Beschwörungsformeln und heiligen Gebärden, Tänze und Gesänge, Weihrauch und Kerzen und die mystische Verwandlung von Brot und Wein in Fleisch und Blut ihres Erlösers zu verzichten. Was sie im profanen Sein nicht erlebt: das Tremendum, das heilige Erzittern vor dem Geheimnis des Altars, das wird ihr in der Gemeinschaft der Gläubigen zuteil.

Diese endothyme Macht im Menschen und sein Bedürfnis danach ist so gewaltig, daß dort, wo sich neue Gesellschaftsformen bilden, sehr schnell sich auch Symbole einstellen. Wie durch einen Witz des Teufels, des Diabolus, des Durcheinanderwerfers, kommt es zu Perversionen. Das wunderbare Pentagramm, das Symbol der Macht des Geistes über die vier Elemente, wurde als blutroter Stern (Blut ist die Farbe des Kriegsgottes Mars), mit der Spitze nach unten, von den Rotarmisten getragen. Und die Nazis nahmen sich das Swastika der Arier, ein Symbol der Bewegung und der Harmonie im Kosmos, und drehten es in die falsche Richtung.

Carl Gustav Jung sagt in seinem Buch »Erinnerungen, Träume, Gedanken« zu diesem Thema: »Der Großteil meiner Patienten bestand nicht aus gläubigen

Jung: Menschen, sondern aus solchen, die ihren Glauben verloren hatten. Zu mir kamen die verlorenen Schafe. Der gläubige Mensch hat auch heute Gelegenheit, in der Kirche die Symbole zu erleben. Man denke an das Erlebnis der Messe, der Taufe, an die Imitatio Christi und vieles andere. Aber ein solches Leben und Erleben des Symbols setzt die lebendige Anteilnahme des Gläubigen voraus, und die fehlt dem heutigen Menschen sehr oft. Beim neurotischen Menschen fehlt sie meistens. In solchen Fällen sind wir darauf angewiesen zu beobachten, ob nicht das Unbewußte spontan Symbole heraufbringt, welche das Fehlende ersetzen. Dann bleibt aber immer noch die Frage offen, ob ein Mensch, der entsprechende Träume oder Visionen hat, imstande sei, ihren Sinn zu verstehen und die Konsequenzen auf sich zu nehmen.«

Der große griechische Philosoph Platon (428–347), der noch mit allen Sinnen und mit dem Geiste dachte, spricht ein gewichtiges Wort: »Alles Lernen ist Erinnern«. Es ist das Ausloten von innen her von Dingen, die unsere ewige und uralte Seele aus den Uranfängen des Wesens, aus dem Unbewußten in das Bewußte hervorholt.

Nach der Lehre der Druiden, die Ram zu den Indern getragen hat, wird diese stete Verwandlung offenbar:

> Der Stein wird zur Pflanze
> die Pflanze wird Tier,
> das Tier wird Mensch,
> der Mensch vereinigt sich mit Gott.

Wir sehen solche Bilder noch an manchen Kapitellen in romanischen Krypten, die aus einer vorchristlichen, bildsichtigen Vorstellungswelt stammen, so in Saint-

Sauvin im Poitou, in Saulieu an der Côte d' Or, in Notre Dame de Paris. Da sprießt ein Tier aus einem Blatt und ein Mensch aus einem Tier, und darüber, sie umfassend, schwebt ein Engelwesen.

Die Lustbarkeiten, die Wochen dauern, haben ihren Höhepunkt an Ausgelassenheit am Rosenmontag. Es gibt schöne alte Bräuche, die aufrechterhalten werden: der Rosenmontagszug in Köln und in Mainz, das rituelle Essen von Berliner Pfannkuchen, Krapfen und Muzemändelchen. In früheren Zeiten kostete man den Karneval bis zum letzten Augenblick, bis zum Morgen des Aschermittwochs aus. Dann sah man in Köln müde graue übernächtigte Gestalten, an denen noch Spuren von Confetti hingen, in die Kirche schleichen, wo der Priester ihnen ein Aschenkreuz auf die Stirn malte. So dekoriert, machten sie sich für die Fastenzeit bereit.

Schlagartig beginnt für den Christen eine vierzigtägige Zeit des Fastens und der inneren Einkehr. Diese vierzig Tage haben vielfache symbolische Bedeutung, es sind die vierzig Tage, die Jesus in die Wüste ging, ehe er vor das Volk trat, und es sind die vierzig Tage, die Moses fastete, ehe er von Gott auf dem Berge Sinai die Gesetze für das jüdische Volk empfing. Vierzig Tage fastete und pilgerte der Prophet Elias durch die Wüste zum Berg Horeb, wo er die Offenbarung von Gott erhielt. Vierzig Tage regnete es bei der Sintflut, und vierzig Jahre mußten die Israeliten in der Wüste verharren, ehe ihnen das gelobte Land zuteil wurde.

Fasten ist kein spezifisches Merkmal des Christentums. Es ist allen Religionen gemeinsam und hat den Sinn, den Menschen zu veranlassen, sich zu bestimmten Zeiten aus seinem geschäftigen Alltag zurückzuziehen,

FASTEN sich zu reinigen, in Gebet und Buße sich mit Gott zu versöhnen. Es ist eine eigentümliche Zeit eines inneren Heilsprozesses. Alle Sinne werden eingezogen – der Mensch, der bisher vorwiegend nach außen lebte, kehrt sich nach innen.

In meiner Heimat habe ich diese Zeit mit innerem Beben, nicht mit Angst erlebt. Die Bälle und Vergnügungen hörten schlagartig auf, auch die festlichen Gelage. Die Njanja versteckte alle bunten Hemden, Bänder und Schals. Ich trug ein graues oder schwarzes Russenhemd. Es wurde im Haus nicht laut geschrien oder gesprochen, nicht geflucht und geschimpft. War man ungezogen oder hatte sich geärgert, entschuldigte man sich sogleich. Man ging jeden Morgen zur Messe. Im Gegensatz zu der katholischen, wurde in der orthodoxen Kirche, mit Ausnahme des Karfreitags, das Alleluja in jeder Messe weiter gesungen, man verzichtete auch nicht nach der Passionszeit auf die überschaumende Freude an der Auferstehung des Heilands.

Im Essen war man zurückhaltend, ganz selbstverständlich und freiwillig aß man sich nicht satt. Die Speisen, mit Öl zubereitet und ohne Fleisch, dafür aber mit vielen vegetarischen Rezepten und herrlichen Fischen, waren sehr schmackhaft. Schokolade wurde eingesperrt, und keinem von uns Kindern fiel es je ein, in Mamas Boudoir zu schleichen und welche zu stehlen. Dafür gab es sehr bunten Fastenzucker, der in Ermangelung von etwas Besserem gut schmeckte und interessant aussah.

Die Njanja, die voll von Geister-, Hexen- und Gnomengeschichten war, erzählte uns in der Dämmerung von Jesus und den Jüngern und von den vielen Begebenheiten im Leben der Heiligen. Wera und ich weinten über den grausamen Tod des Heiligen Stephanus und des Arztes, des Heiligen Pantaleimon, und über den Heiligen Gerasimos mit dem Löwen, der bei ihm wohnte, nachdem er einen mächtigen Dorn aus seiner Pfote herausgezogen hatte, und über den Bären des Heiligen Serafin und den Wolf des Heiligen Sergius, die beide ihr Brot mit den Tieren teilten, und über die Vögel des Heiligen Franziskus und den Wolf von Gubbio, der dem Heiligen versprach, keine Kinder mehr zu zerreißen, und fortan sich von dem Haferbrei ernährte, den die Bewohner des Ortes ihm gaben. Wir waren von diesen Geschichten tief gerührt, die Tränen, die flossen, reinigten unsere Seelen, und es gelang uns, den größten Teil der Tage ohne Aggression durchzustehen.

Vierzig Tage waren lang, aber es lag keine Traurigkeit über diesen Tagen und kein Verlangen nach anderen Speisen, nach bunten Kleidern oder lauten Spielen. Dieses Sein im Ernst, in der Besinnung und Freundlichkeit, die man Jesus darbrachte, war leicht und fröhlich. Ich möchte sagen, sie war viel fröhlicher als die andere Zeit, weil man bewußter lebte, bewußter Gutes tat und Gutes dachte, verzieh, widerspruchslos half und seine Person mit ihrem Geltungsdrang und ihren vielfachen Wünschen nicht in den Vordergrund schob.

Ich wunderte mich sehr, warum die Passionszeit vierzig Tage dauerte, da doch das Leiden und der Tod Christi in Wirklichkeit nur drei Tage währten. Aber Mama, von der ich annahm, daß sie alles wisse – sie antwortete nicht immer gleich, manchmal sagte sie, sie müsse es nachlesen oder sie müsse Onkel Iwan fragen –, erklärte, daß ein Fasten von nur drei Tagen für uns unruhige, hastige und auf das Materielle ausgerichtete Menschen viel zu kurz sei, und daß die Kirchenväter aus dem dritten Jahrhundert diese Zeit der symbolträchtigen vierzig Tage für die Besinnung und Reinigung des Gewissens und für die Vorbereitung auf das Wunder der Auferstehung des Herrn gerade kurz oder lang genug hielten.

MÄRZ · ER IST WAHRHAFTIG AUFERSTANDEN!

Nun ist der Frühling nicht mehr wegzudenken, wenngleich es auch noch stürmt und schneit. Die Tage sind erfüllt von Licht, die Äste der Bäume und Sträucher voll praller Knospen, welche kleine grüne oder rote Spitzen haben, und die Silhouetten der Wiesen schimmern grünlich, gelblich oder rosa gegen die Sonne. Man ist geneigt, den Mantel auszuziehen; man friert im durchdringenden Wind, aber das Herz lacht, es weiß, es kann nicht mehr lange dauern, bis die Natur aus dem Todesschlaf erwacht und die Kräfte der Auferstehung sich regen.

Manche Vögel kommen von langen Flugreisen zurück, suchen ihre alten Nester, finden sie und machen sich wieder heimisch. An einem Märztag bekamen alle Kinder, ob reich oder arm, einen aus Hefeteig gebackenen Vogel mit Rosinenaugen auf den Frühstückstisch gesetzt. Das war eine Wonne! Man wußte nicht, sollte man am Schwanz zubeißen oder bei den Rosinenaugen anfangen.

In diesen verzauberten Wochen der Fastenzeit, in der die Natur aufwachte, verhielten sich die Menschen still und friedlich. Es wurde fast nicht geschimpft oder geflucht, man war höflich miteinander und vermied alle Aggressionen, und, seltsamerweise, es gelang auch. Zu sehr war man darauf bedacht, nicht zu sündigen und den Heiland, der für uns litt und starb, nicht zu beleidigen. Man fragte sich abends bei der seelischen Inventur nach dem Nachtgebet, warum einem das in dieser Zeit so gut gelinge. Man brauchte sich gar nicht erst anzustrengen.

Am 21. März ist ein Viertel des Sonnenjahres vergangen, es ist das Äquinoktium, die Tag- und Nachtgleiche. Dunkel und Hell sind für einen Tag gerecht verteilt. Der Frühling ist verbrieft. Wenn es dennoch schneite, so nahm man das nicht mehr ernst; auch wenn es noch so schlimm war, das waren nur Trotzreaktionen des »Djéduschka Moros«, des Großvaters Frost, dem es wie allen Schauspielern schwer fiel, von der Bühne abzutreten. Nachts hörte man mit Schrekken weinerliche, jaulende Laute, wie von klagenden Säuglingen. Man dachte zunächst an untergeschobene Kinder, aber dann fiel einem ein: das waren die Liebeslieder der Katzen. Mit angehaltenem Atem, teils verdrossen über den jäh gestörten Schlaf, teils mitfühlend und belustigt, hörte man dem ausdauernden Liebeswerben der Tiere zu. Ich verglich sie mit den viel später einsetzenden Nachtigallen, die entschieden melodischer klangen; da es im Park von Girejewo sehr viele gab, störten sie unsere Nachtruhe, und die Njanja brummte, daß ihr ein paar handfeste Katzen lieber wären als jenes Getrillere.

Dann sprang aus der Gedämpftheit der Fasten der Palmsonntag heraus. Man durfte an diesem Tag wieder bunte Kleider tragen, und Mama oder die Njanja fuhr mit uns nach Moskau auf den Súcharewkamarkt, wo ein richtiger Jahrmarkt aufgeschlagen war mit Schaukeln, Rundlauf, Würstchenbuden und tausend albernen Kleinigkeiten, die man kaufen konnte: Schwiegermutterzungen, papierene Pfeifchen, die sich beim Hineinblasen aufrollten und einen fürchterlichen Lärm machten, und aus Draht und Samt gedrehte Äffchen und aller möglicher Tand. Man war ausgelassen und fröhlich und wußte doch, daß die schwerste Woche einem noch bevorstand. Am Abend versammelten wir uns um Mama, und sie erzählte uns, mit welcher überströmenden Begeisterung das Volk Jesus empfing, als er in Jerusalem einzog; die Menschen frohlockten, warfen ihm Zweige und Blumen zu und ihre Jacken vor die Füße seines Esels. Er war für sie der künftige, von den Propheten vorausgesagte König der Juden, der Befreier. Aber die Pharisäer trachteten danach, ihn zu vernichten. Am Morgen war man mit Weidenkätzchen in Ermangelung von Palmzweigen in die Kirche gegangen und hatte die Zweige mit Weihwasser weihen lassen. Nachher steckte man sie an die Ikonen.

Nun rüstete man sich auf das Leiden und den Tod des Erlösers, den schmählichen Tod eines Verbrechers. Njanja verhängte die Spiegel mit dunklem Stoff, als wäre ein Toter im Hause. Es wurde nur im Flüsterton gesprochen. Die letzten zwei Tage läuteten die Glocken nicht mehr, es war eine ungewohnte Stille in den Straßen. Sonst dröhnten alle Glocken Moskaus minutenlang so laut, daß man sein eigenes Wort nicht verstehen konnte. Der Kutscher Aleksandr hatte das Glöckchengeläut von den Pferden abgeschirrt. Am Abend versammelten wir uns, meine Schwester Wera, mein Vetter Aljoscha Galítzin, Aljona Obolénskaja und andere, die gerade zugegen waren, in Mamas Boudoir. Sie erzählte uns von der Leidensgeschichte Jesu, von den Ränken der Hohenpriester, von dem Verrat des Jüngers Judas Ischariot und davon, daß Jesus alles, was vor sich ging, vorausgeschaut hatte und sich für den

Tod bereitete. Die Jünger bemerkten nichts, obwohl er ihnen Andeutungen machte. Er war Gottes Sohn, aber er war auch Mensch, und als Mensch nahm er alle Qualen und alle Angst der Verfolgung, Gefangennahme und des Gerichts, alle Schmerzen und Qualen der Erniedrigung und Demütigung und den Tod freiwillig auf sich.

Mama erzählte uns von dem katholischen Offizier und späteren Mönch Ignatius von Loyola (1491–1556), der für die gläubigen Christen Übungen der Meditation erdacht hatte. Wir versuchten gemeinsam unter Jadwigas Anleitung, über die Leiden und Ängste Christi und über seinen Todeskampf zu meditieren. Wir sollten seine Gefühle in uns lebendig machen, mit ihm gemeinsam leiden, wie er gelitten hatte, um es bruchstückhaft zu ermessen. Der Schweiß trat uns auf die Stirn, wir begannen zu zittern, die Tränen flossen die Wangen hinunter. Wir schämten uns unserer Gefühle, und nach und nach verließen wir stumm den Raum. Wir schlossen uns in unseren Schlafzimmern ein, legten uns aufs Bett und weinten. Unser Herz zog sich in Angst zusammen.

Ich wußte, daß Mama, Njanja, mein Vater Sascha und Wera keine Angst vor dem Tode hatten. Wir waren von unserer Religion her überzeugt, daß wir, wenn wir nicht allzugroße Sünder wären, einen Pardon erhielten, sahen wir doch auf den Ikonen den Großen Hüter der Schwelle, den Erzengel Michael, um die Seelen der Verstorbenen mit dem Teufel ringen. Wir wußten um die Gebete der Kirche für die Verstorbenen, die aus der Apokalypse Johannis stammen: »Befriede, o Herr, du menschenliebender Heiland, mit den Gerechten die Seele deines Knechtes und weise ihn in deine

Wohnungen; denn es steht geschrieben, du Gütiger, daß du nicht ansiehst die willentlichen und die unwillentlichen Sünden und sein gutes und ungutes Betragen. Mit den Heiligen laß ruhen, Herr, die Seele deines Knechtes, wo es weder Krankheit noch Trauer noch Seufzer gibt, sondern ewiges Leben.«

Die orthodoxen Christen starben leicht, sie legten es darauf an, bewußt zu sterben. Sie erhielten den Beistand des Priesters, sie ordneten vielfach ihre eigene Beerdigung an, sie nahmen Abschied von der Welt, von den Verwandten, Freunden und vom Gesinde. All das vollzog sich in großer heiterer Würde. Ich freute mich immer, wenn ich aufgefordert wurde, irgendwo in der Umgebung, bei Bauern oder bei Gutsbesitzern, Abschied zu nehmen. Man wurde sich jedesmal der Weihe bewußt, die die Nähe des Todes erzeugte. Die Sterbenden verhielten sich nicht anders, als wenn sie auf eine große Reise mit vielen Gefahren und Hindernissen gingen und nicht sicher wüßten, ob sie zurückkämen. Hier allerdings wußten sie, daß sie im leiblichen Gewand nicht mehr wiederkämen. Aber sie waren sich auch sicher, daß sie in einer anderen Wesenheit weiter gegenwärtig sein würden. Zunächst waren es die auf der Erde Zurückbleibenden, die für sie beten und ihnen den Weg in die unbekannten und doch vertrauten Regionen bereiten würden; dann aber, wenn sie als »Neuvorgestellte« ihren Platz gefunden hätten, würden sie es sein, die für die Erdenbewohner beten würden.

Es kam mir seltsam vor, daß der Tod solch eine ehrfurchtgebietende Macht habe. Es gab manche Menschen, die man aus irgendwelchen Gründen nicht mochte oder vor denen man Angst hatte. Man konnte nie genau sagen, warum es so war. Diese Gefühle spielten sich tief im endothymen Grund ab, man nannte sie Sympathie oder Antipathie. Manchmal meinte man, es sei, weil die Leute häßlich seien, oder gehässig oder dumm. Aber dann gab es solche, die auch häßlich und dumm waren und die man dennoch mochte. Wenn man sich aufmachte, von dem Sterbenden Abschied zu nehmen, so fielen die negativen Gefühle von einem ab, und man fragte sich verwundert: »Warum mochtest du ihn eigentlich nicht?« Und man freute sich, daß sich dieser Wechsel von Antipathie zu Sympathie so ganz leicht, ohne Anstrengung und ohne Widerstände vollzog. Ein Stück Ungutes fiel von einem ab! Es ist schade, daß es in der heutigen Gesellschaft solches Sterben und Abschiednehmen nicht mehr gibt. Die Sterbenden werden in Krankenhäuser verfrachtet, und nicht einmal die Angehörigen werden zugelassen, beim Sterben zugegen zu sein und dem Dahingehenden die letzte Liebe und Fürsorge zu erweisen.

Diese Entfremdung von Sterben und Tod führt zu einer allgemeinen Entfremdung dem Tod gegenüber; er wird systematisch hinweggezaubert. Doch gehört er, wie die Geburt, zu den wichtigen Pforten des Lebens. Es wird in wunderbarer Weise dafür gesorgt, daß mit Hilfe der Gebärenden selbst die Angst vor dem Geburtsvorgang gemildert wird und die Geburt ohne Qualen sich vollzieht. Man erlaubt sogar den Vätern, bei dem Akt der Geburt zugegen zu sein. Für das Sterben geschieht nichts, und nichts für den Trost und die Beruhigung des Sterbenden. Es wird wohl noch eine Weile dauern, bis die Menschheit sich wieder auf die Würde des Sterbens besinnt.

Allein die Atmosphäre im Sterbezimmer, die verhangenen Fenster, die brennenden Wachskerzen, der Geruch von Weihrauch, die Stille, das leise Sprechen. Trotz aller Schwäche nahm der Sterbende sich zusammen, um mit den Abschiednehmenden einige liebe und dankbare Worte zu wechseln. All das geschah nicht, um den Sterbenden abzulenken oder ihm die Todesangst zu nehmen, es war vielmehr wie ein endgültiger, letzter Kristallisationsvorgang. Alle vorhandenen guten Kräfte wurden für den letzten Weg zusammengerafft. Die Alten lebten auf diesen Augenblick hin. Der Mensch mochte im Dasein eine noch so unbedeutende oder untergeordnete Rolle gespielt haben, in diesen Stunden war er Mittelpunkt, war er König, und er wurde wie ein König behandelt.

Als ich sehr viel später die Worte des Grafen Hermann Keyserling über die Verehrung las, ging mir ein Licht auf, daß er gerade das meinte, was ich in konzentriertester Form bei den Besuchen der Sterbenden erlebt hatte: »Verehren nun gar hat mir, solange ich dessen fähig war, den glücklichsten Zustand schlechthin bedeutet, weil er der Zustand totaler Aufwärtsbewegung ist. Sobald ich mich einem Wesen als einem von mir als höher anerkannten geöffnet hatte, schmolzen mich bis dahin beengende geistig-seelische Krusten ein, die verehrende Schau hob mich über meinen jeweiligen Zustand hinaus und begann mich dem Bilde des Verehrten anzugleichen. Der Zustand der Verehrung ist nämlich ein Meditationszustand. Wer tief verehrt, trägt das Vorbild Tag und Nacht im Herzen, und so hat dieses Gelegenheit, auszuwirken, was überhaupt in ihm liegt ... Was einen fördert, ist das verehrte Bild, und keinem Heiligenverehrer hat es je geschadet, wenn die Ikone dem Original unähnlich war. Im Gegenteil:

gerade Überschätzung fördert hier und jede Unterschätzung schädigt.«

Dreimal begegneten wir der Majestät des Todes, jeweils in anderen Erscheinungsformen. – Wir besuchten den Toten, wenn er im größten Zimmer mit gefalteten Händen, in denen ein Kreuz steckte, aufgebahrt war. Was mich an den Toten fast immer faszinierte, war, daß man auf dem Antlitz – es war kein Gesicht mehr, es war ein Antlitz – die überirdische, ernste und strenge Würde erkannte. Alles Leid, aller Schmerz und Zerfall waren wie weggewischt. Sie ähnelten den erhabenen Grabsteinen des Mittelalters. Gerade jenes Überirdische, Übermenschliche, Ewige hatten die Künstler eingefangen. Wenn man diese Transmutation, die sich in wenigen Stunden vollzog, erlebte, dann wußte man, daß der Tod uns durch das Antlitz des Verstorbenen ein Versprechen hinterließ, eine Vorschau auf die Ewigkeit.

Ein andermal begegneten wir dem Toten, wenn er vom Hause aus im offenen Sarg zur Kirche getragen wurde. Vor dem Altar wurde der Sarg aufgestellt, und es folgte eine in ihrer Schönheit und Erhabenheit ergreifende Liturgie, ganz durchsetzt von Gedanken der Auferstehung und der Unsterblichkeit der Seele. Die Angehörigen weinten am Grabe, wie sie überall in der ganzen Welt weinen. Aber dieses Weinen geschah nicht so sehr um des Verstorbenen willen als vielmehr wegen persönlicher Belange: der Trennung, des Alleinseins, der vielen Probleme, die durch den Tod aufgeworfen wurden.

Einmal nur erlebte ich eine freudige Begegnung mit dem Tode. Ich war mit meiner Mutter im chinesischen Meer auf einem japanischen Dampfer. Dort befreun-

FREUDIGE BEGEGNUNG MIT DEM TOD:

dete ich mich mit einem jungen japanischen Arzt und seiner hübschen Frau Sensan. Die Freundschaft währte nur kurz, denn Sensan erkrankte und starb einige Tage später. Ihre kleine Leiche wurde in ein Zelttuch gewickelt und nach einer kurzen Zeremonie ins Meer geworfen. Ich konnte mich vor Schmerz nicht beherrschen und weinte hemmungslos. Der Arzt, der völlig ruhig geblieben war, streichelte meinen Kopf und suchte mich zu beruhigen. Am nächsten Morgen traf ich ihn heiter lächelnd an Bord. Ich war fassungslos. Eben hatte er seine über alles geliebte Frau verloren, und nun tat er so, als ob nichts geschehen wäre. Ich verwickelte ihn in ein Gespräch, und da ich damals nicht über sehr viel Takt verfügte, sagte ich ihm mein Befremden, daß er gar nicht unglücklich sei über Sensans Tod. Denn schließlich sei er doch jetzt allein, und das müsse schmerzen. Er erwiderte fein lächelnd: Solch ein Schmerz wäre reiner Egoismus. Seine Frau habe durch den Willen des Himmels ihre Schale verlassen und sei von den Banden der Materie abgelöst worden; jetzt sei sie in einer schöneren und vollkommneren Welt und werde mit anderen Aufgaben betraut werden. Man könne doch nicht über jemanden traurig sein, der es besser habe als vorher! Wenn er traurig wäre, daß er jetzt allein bleibe, so würde er ja nur sich selbst bemitleiden, und das sei eines reifen Mannes unwürdig. – Zum ersten Male erlebte ich, daß ein Mensch sich so weit hinter sich selbst gebracht hatte, daß er bei einem solch essentiellen Verlust heiter und gelassen bleiben konnte. Ich begriff, wie man im rechten Glauben und in der rechten Haltung die Furcht vor dem Tode und die Angst und Kümmernis um sich selbst überwinden kann.

Im Abendlande habe ich dann sehr viele Formen der Angst vor dem Tode und der Todesangst erlebt. Sie hat viele Ursachen. Nicht zuletzt sind es die Kirchen, die mit dem Fegefeuer und Höllendrohungen die Gläubigen in einer permanenten Todesangst hielten. Die Schilderungen und phantasievollen Darstellungen der Hölle beherrschten die Kunst. Der Handel mit Ablaßgebeten zwecks Abkürzung der Fegefeuerzeit füllte die Kassen der Kirchen. Im Namen Jesu Christi wurde jahrhundertelang im Mittelalter die Angst geschürt, die Angst vor der Sünde, vor der Sexualität, die die Menschen nicht mehr froh werden ließ. Ob sie sich wohl manchmal fragten, wieso das Evangelium »die frohe Botschaft« heiße, wenn es den Menschen in einem engen Ringe von Erlaubtem und von meist nicht nur Verbotenem, sondern mit ewiger Verdammnis zu Bestrafendem halte?

Natürlich ist der Mensch ein mit Trieben, Lüsten und Egoismen behaftetes Wesen, und der Sinn seines Lebens ist es, diese Dinge in sich zu transformieren, zu bändigen, abzuklären und die Elemente, die Gott ihm verliehen hat, die Liebe, die Demut, die Hilfsbereitschaft, den Glauben, die Freude groß werden zu lassen. Ob dies aber durch den Faktor der Angst geschehen kann, ist äußerst zweifelhaft.

Immerhin hat die Aufklärung und die Lehre Freuds dazu geführt, daß die Auffassungen über die Sünde und die Sexualität aufgeweicht wurden, und die Kirche von heute vertritt nicht mehr die harte und unversöhnliche Vorstellung vom Fegefeuer und von der unwiderruflichen Qual der Hölle. Der säkularisierte Mensch hat sich von den engen Begriffen der Sünde und der damit verbundenen Höllenstrafe weitgehend gelöst. Auf dem Gebiet der Sexualität hat er sich, nicht zu seinem Vorteil, die denkbar größte Freiheit errungen. Da aber die Sexualität im Gegensatz zur Liebe immer nur sich selbst meint, hat er das Maß verloren, er hat sich an die Macht dieser Lust hingegeben und ist ihr Sklave geworden. Sie hat ihn noch tiefer in den Sog der Materie gezogen und verstellt ihm den Weg zur Transzendenz.

Was den Begriff der Sünde betrifft, so ist sie im säkulären Raum ihres Stachels entkleidet. Der reale Staat kennt eine Reihe von Missetaten, die er mit Strafen belegt. Missetaten, die in Gedanken begangen werden und die in jedem religiösen Gefüge als solche zählen, werden nicht geahndet, man nimmt nicht einmal Kenntnis von ihrer Existenz. Und mißlungene Versuche einer Missetat werden geringer bestraft, als wenn sie gelungen wären. Hier vollzieht sich ein Denken in materialistischen Kategorien. Das gestörte Verhältnis zum Begriff der Sünde, wie er in allen Religionen vorhanden ist, auch in dem indischen Begriff des Karma, führte dazu, daß das Gewissen des sogenannten modernen Menschen an Sensibilität eingebüßt hat. Er wird also heute viele böse Gedanken und Taten aus sich entlassen, ohne dieses sein Gewissen zu belasten. Man könnte denken, der aufgeklärte, säkularisierte Mensch mit eigenen Maßstäben, mit freigewordener Sexualität und dem befreiten Gewissen sei ein froherer und glücklicherer Mensch. Sicherlich ist er selbstbewußter und überheblicher geworden, er schert sich weniger um die anderen und fragt sich nicht, wieviel Störungen, Leid und Unglück durch sein Verhalten entstehen. Jene alten Begriffe bedeuten für ihn nur Aberglauben, über den er sich erhaben fühlt. Er fällt aus der Kultur heraus in eine Zivilisation, die aber keinen Fortschritt oder eine Entwicklung, sondern eine Regression bedeutet.

In Gottes Welt hat der Mensch seine geheiligte Ordnung. Er ist von Gott als Hüter und Bewahrer dieser Welt und all ihrer Kreaturen eingesetzt worden, und das bedeutet, daß er sich selbst auf Gott hin zu formen habe, daß er wie ein Wanderer, oder wie in alten Zeiten ein Geselle, seinen Stab nehme und als Gast sich auf den Weg mache. Laotse und Kung-fu-tse, Rama, Buddha, Krishna und Christus bezeichnen das Leben als einen Weg, eine Wanderung vom Niederen zum Höheren, in einer ständigen Verfeinerung der materiellen Substanz auf das Geistige hin, auf eine Transparenz, auf das Leuchten hin, wie Christus es ausdrückt. Die Überwindung des niederen Ich auf das höhere Ich zu, vom alten Adam zu Adam Kadmon, von der Ichheit zum Purusha, vom Menschen zum Engel. Dieses Ziel ist jedem gesetzt. Wo aber hat der säkularisierte Mensch sein Ziel? Technische Entwicklung, allgemeiner Wohlstand? Sie haben Triumphe gefeiert, und der klugdumme Mensch hat allen Ernstes geglaubt, daß diese Entwicklung auf der materiellen Basis keine Grenzen kenne. Und schon nach einem Jahrhundert sind die Grenzen überall sichtbar und spürbar erreicht. Die Rohstoffe der Erde werden knapp, die dramatische technische Entwicklung hat unbemerkt so viele Abfallprodukte erzeugt, daß sie uns bereits fast ersticken. Und während unsere Mülleimer vollgepfropft sind mit verdorbenen Lebensmitteln und abgetragenen, aber noch brauchbaren Kleidern und die Straßen mit Sperrmüll angefüllt sind, der ausreichte, zahllose Wohnungen zu möblieren, verhungern in anderen Ländern Millionen von Menschen.

Längst hat die Angst vor der Hölle, dem Fegefeuer und vor der Sünde anderen Ängsten Platz gemacht: der Angst vor dem Verlust des Besitzes, vor dem Verlust des Prestiges, der Geltung, vor dem Nachbarn, vor dem Konkurrenten, vor dem Räuber und dem Entführer, vor einer politischen Veränderung.

Der russische Dichter Fedor Michailowitsch Dostojewski (1821–1881) läßt den Starzen Sossima zu Aljoscha Karamasoff sagen: »Liebet die ganze Schöpfung Gottes, die ganze Welt und jedes Sandkörnchen auf Erden. Jedes Blättchen, jeden Lichtstrahl Gottes habet lieb. Liebet die Tiere, liebet die Pflanzen, liebet jedes Ding. Wirst du aber jedes Ding lieben, dann wirst du auch Gottes Geheimnis in den Dingen fassen. Brüder, fürchtet euch nicht vor der Sünde der Menschen, liebet den Menschen auch in seiner Sünde, denn solches ist schon der Liebe Gottes ähnlich ...

Liebe erkauft alles, Liebe rettet alles.«

Und der große Liebende Starez Kirill von Turow, der sich über alle Konfessionen und Religionen hinwegsetzt und sich zu der großen allgemeinen Liebe bekennt, sagt im 12. Jahrhundert: »O Güte, o Einfalt, o Liebe, o Jesus meine Freude! Sieh ich eile zu dir, wie Nikodemus des Nachts; komme mir entgegen, öffne die Tür! Laß mich Gott hören, den Wandelnden, den Redenden. Dein Gewand ist schon in meinen Händen – zerschlage meine Lenden, aber ich lasse dich nicht, du segnest denn mit mir alle!«

Nach der kurzen freudigen Erregung des Palmsonntags kamen die schweren Tage der Passion. Jeden Tag war Liturgie in der Kirche, wenig Gesänge und viele psalmodierende Lesungen aus den Evangelien und der

Bibel, langes geduldiges Stehen vor Gott. Am Gründonnerstag ging man abends zur Messe. Man kaufte in der Kirche lange, schlanke Kerzen. Am Ende des Gottesdienstes trat der Priester aus dem Altarraum mit drei miteinander verbundenen brennenden Kerzen, die er mit einem Feuerstein angezündet hatte. Die Gläubigen gingen zu ihm und zündeten ihre Kerzen an der seinen an. Einer schenkte dem anderen das heilige Feuer an diesem Tage der Erneuerung des Geistes. Dann ging man schweigend und behutsam heim, man hatte eine Manschette über der Flamme befestigt. Zuhause waren alle Lampaden, die vor den Ikonen brannten, sauber geputzt, man hatte frisches Öl eingefüllt, und neue Dochte schwammen darauf. Njanja pustete den Docht aus und brannte ihn mit der Gründonnerstagskerze sofort wieder an. Seit tausend Jahren brannten in den Kirchen und Häusern die Lampen, seit Rußland unter dem Heiligen Wladimir 988 christlich geworden war. Einmal im Jahr wurde das ewige Licht erneuert. Schon der Weg von der Kirche in die Häuser war eine atemberaubende Prozession. Man sah im Dunklen die Menschen nicht, aber die flackernden Lichter zogen sich wie leuchtende Lava in langgezogenen Linien die Straßen entlang. Jeder trug sein Lebenslicht.

Der Karfreitag war ein schwerer Tag. Nach uralter russischer Sitte durfte man an diesem Tag nicht zum Altar gehen, ehe man nicht alle, die man beleidigt oder verletzt hatte, um Verzeihung gebeten hatte. Das bedeutete eine ungeheure Selbstüberwindung und Demütigung. Der Stolz ließ es nicht gern zu, daß man Menschen, die man nicht mochte, die einem unsympathisch waren, um Verzeihung bat, sich vor ihnen erniedrigte.

Aber es gab nur diese eine Konsequenz. Kein Priester würde einem den Altar verwehrt haben, aber das eigene Gewissen war die stärkste Schranke. Ich bewunderte unsere Mutter, wie tapfer sie zu jedem ging, sich vor ihm niederkniete und um Vergebung bat. Wera, Vetter Aljoscha und ich weinten und wollten es nicht zulassen, daß sie vor uns, den ungezogenen Kindern, kniete. Aber sie gab uns das gute Beispiel. Sie ließ niemand von dem Gesinde aus und ging zu den bösesten Klatschbasen, denen es eine ungeheure Genugtuung bereitete, daß die Herrin vor ihnen kniete. Mein Vater Sascha hielt diese Sitte für übertrieben, und er erlaubte sich einige Freiheiten, indem er nicht zu Leuten ging, die er nicht mochte. Mama und wir fanden das nicht christlich, aber wir konnten ihn nicht beeinflussen.

Dann gingen wir gemeinsam zum Altar und kehrten schweigend den langen Weg von Staroje Girejewo bis zum Weißen Haus heim. In der Küche war das Gesinde emsig mit der Zubereitung der Osterspeisen beschäftigt. Frossja packte einen riesigen Schinken in Brotteig ein und steckte ihn in den Ofen. Njanja knetete den Kuchenteig für die »Baba«, einen zylinderförmigen Kuchen aus Hefeteig. Sie schaute mich etwas vorwurfsvoll oder zumindest kritisch überlegend an und meinte: der Mensch sei wie der Kuchen, er müsse gesiebt, mit Milch versetzt und mit Hefe und Zucker vermischt werden, dann müsse er in der Stille reifen und steigen. Wenn er hochgegangen sei, müsse man ihn niederschlagen, und das mehrere Male, dann erst komme er in den Ofen, und wenn man ihn sorgfältig behandelte, sei er eine Köstlichkeit; so wie der Mensch von den Ahnen die rechte Mischung erhalte und vom Schicksal durcheinandergerüttelt, geschlagen und mit

Gottes Hilfe immer wieder sich aus der Erniedrigung erhebe, bis er ganz hell vor Gott leuchte.

SPEISE

Dann wandte sie sich der Pas'cha, der köstlichsten Osterspeise zu, die aus einer Mischung von Quark, Sahne, Butter, Zucker und Vanille bestand. Sie wurde in pyramidenförmige Holzformen gepreßt und über Nacht kalt gestellt. Wir Kinder färbten Eier auf vielfältige Art, mit selbst hergestellten Farben aus Zwiebeln und allerlei Gräsern. Aber die schönsten Eier wurden mit einem jungen Birken- oder Buchenblatt oder mit Efeu umwickelt, dann in einen Lappen gebunden und in eine Farbbrühe eingetaucht. Wenn man alles auseinanderwickelte, war auf dem Ei das Blatt mit all seinen zackigen Rändern und Adern abgebildet. Die Njanja hatte frühzeitig Weizen in große Töpfe mit Erde gepflanzt, sie waren inzwischen fingerlang herausgewachsen und bildeten einen dichten grünen Teppich aus Gras, darin wurden die bunten Eier gebettet.

Den ganzen Sonnabend wurde gehungert bis zur Auferstehung des Heilands. Die Mägen knurrten, und man fühlte sich schwach und schwindlig. Am Nachmittag gingen alle in die Kirche, dort waren lange Tische aufgestellt, auf die stellten wir die Pas'cha, die Baba und die bunten Eier. Nach einem kurzen Gottesdienst segnete der Priester die Gaben mit Weihwasser, und wir trugen sie wieder heim. Man zündete Lämpchen an den Gräbern seiner Angehörigen an.

Nun rüsteten wir uns zu dem gewaltigen Ereignis, das sich jedes Jahr wiederholte, der Auferstehung des Herrn. Die Erwartung lag in der Luft. Alles versammelte sich in der Kirche. In ihrer Mitte stand ein Sarg, der symbolische Begräbnisplatz Jesu. Stundenlang mußte man sich die Lesungen und Gebete anhören.

Dann wurde der Sarg weggetragen, und jeder holte sich eine Kerze. Man zündete sie gegenseitig an, bis alle brannten. Sobald der Priester aus dem Altarraum herausgekommen war, ordnete man sich zu einer Prozession, um den begrabenen Christus zu suchen. Dreimal ging die Gemeinde mit brennenden Kerzen um die Kirche, dann verkündete der Priester laut: »Christus ist auferstanden, wahrhaftig, er ist auferstanden!« Und die Freude, die sich in den Herzen der Gläubigen ausbreitet, ist unermeßlich. Immer wieder und crescendo werden die Auferstehungsverkündigungen gesungen. Die Menschen, Bekannte und Unbekannte umarmen sich. In diesem Augenblick fühlen sie sich als Brüder.

Gegen drei Uhr morgens war der Gottesdienst zu Ende. Wir konnten uns vor Müdigkeit und Hunger kaum auf den Beinen halten. Aber zuhause erwartete uns ein festlich gedeckter Tisch. Die Sinne frohlockten, das Auge, die Nase, die Zunge. Man saß mit dem gesamten Gesinde zu Tisch, und die Freude über die Auferstehung des Heilands hatte keine Grenzen. Man vergaß, daß es nicht heute und hier geschah, sondern vor fast zweitausend Jahren. Wir erlebten es als eine Gegenwart. Als wir gesättigt, ja vielmehr übersättigt waren, standen wir auf, Njanja, Wera, Aljoscha und ich, und gingen zu den Stallungen und den Zwingern. Jedem Pferd, jeder Kuh, jedem Hund und den kleinen Wölfen verkündeten wir, daß Christus auferstanden sei, daß er wahrhaftig auferstanden sei.

Am nächsten Morgen fanden wir Sascha schon am Frühstückstisch. Er wartete, bis alle versammelt waren, dann las er uns eine Stelle aus seinem geliebten Heiligen Augustinus (354–430) vor: »Gut ist die Erde mit der Höhe ihrer Berge, mit der Tiefe ihrer Täler, mit den Flächen ihrer Felder; gut ist das Landgut in seiner Geräumigkeit und Helle; gut sind die Lebewesen mit ihrem beseelten Leibe, gut ist die sanfte heilsame Luft; gut ist die bekömmliche wohltuende Speise; gut ist rüstige Gesundheit sonder Schmerz und Ermattung; gut ist das Menschenantlitz, das wohlgeformte, heitere, in seiner frischen, lebensprühenden Schönheit; gut ist das Gemüt eines Freundes in der Süßigkeit seiner Teilnahme, in der Verläßlichkeit seiner Liebe; gut ist der Mann rechtschaffenen Sinnes; gut ist Besitz, der mühelos gewährende; gut ist das Land im Wohlklang seines Rhythmus, im Ernste seines tiefen Sinnes – was alles noch? Gut ist dies und gut ist das – aber dies und das nimm hinweg und sieh, soweit du kannst, auf das eine, wahre Gut: dann siehst du Gott – gut nicht durch anderes Gut, sondern Gut alles Guten! Wenn wir zu ihm streben, leben wir gut. Wenn wir ihn erreichen, leben wir mehr als gut: glückselig!

Die Zusammenfassung alles Einzelnen ergibt die großartige Schönheit des Alls, in dem auch das Böse wohl eingeordnet ist; denn indem es den ihm gebührenden Platz einnimmt, hebt es das Gute erst recht hervor, daß es um so erhabener im Vergleich zum Bösen erscheine.«

APRIL

Die Monate März und April teilen sich in das Fest der Auferstehung des Herrn. Oft liegt im März noch Schnee auf den Fluren. So sehr man sich im Winter auf den Schnee gefreut hat, so unerwünscht ist er jetzt. Man ist eher verdrossen, wenn man ihn sieht, und man behandelt ihn mit einer gewissen Verachtung, wie einen ungebetenen Gast. Eine Gewißheit hat man: er bleibt nicht, und man späht ängstlich auf die jungen Triebe, ob sie nicht durch ihn gelitten haben. Gefühlsmäßig ist man überzeugt, daß zur Auferstehung des Heilands auch die Auferstehung der Natur gehört. In unseren geographischen Breiten gehen sie miteinander. Und weil man das eine erlebt, glaubt man an das andere. Diese mit Frühlingserwartung geschwängerte Luft ist vom Beginn des Ostersonntags an erfüllt mit betäubendem, frohlockendem Glockengeläut. Schon der Gesang der Hymne um Mitternacht: »Christus ist auferstanden von den Toten und hat den Tod durch seinen Tod besiegt, und im Grabe seiend schenkte er uns das Leben« wird vom Glockengeläut fast übertönt, es hat etwas Magisches, dieses mächtige Schwingen der Töne in der Luft. Man spürt gleichsam, wie die Wellen der Töne sich in die Atmosphäre fortschwingen und den Steinen und Pflanzen, den Tieren und Menschen die frohe Botschaft künden. Dieses Geläute hört während der Feiertage nicht auf. Die Jungen der Pfarrei und des

Dorfes haben freies Spiel: sie hängen sich an die Seile und schwingen die Glocken.

Die Osternacht mit der langen Messe, dem Hungern und dem Déjeuner, dejajunare, dem Entfasten, dem feierlichen Gelage war all zu kurz, aber wir ließen es uns nicht nehmen, früh aufzustehen und mit Njanja den Sonnenaufgang zu beobachten. Njanja, die Wahrerin aller mythischen Erinnerungen aus der vorchristlichen Zeit, behauptete, daß man im Augenblick, da die Sonne voll aus dem Horizont auftaucht, eine weiße Männergestalt in ihrer Mitte sehen könne. Das sei Christus der Erlöser, der sich der Menschheit nur wenige Minuten zeige. Wir staunten und sahen angestrengt hin. Nur Wera glaubte, daß sie ihn erblickt habe, und sie frohlockte. An jedem anderen Tage hätten wir es ihr heftig in Abrede gestellt, aber an diesem Sonntag waren wir zu höflich, um es anzuzweifeln.

Ostersonntag war der »Tag der offenen Tür«. Menschen kamen von überall her, Priester, Mönche, Gottesmänner, Bauern, nahe und ferne Gutsnachbarn; man küßte sich mit allen, tauschte bunte Eier aus, bewunderte die Kunstfertigkeit, und alle wurden bewirtet. Sascha hielt sich zurück, er mochte die lauten Zeremonien nicht. Wir bewunderten unsere Mutter, wie tapfer sie diesen Ansturm durchhielt und für jeden ein gutes Wort und eine Aufmerksamkeit fand.

Der Abend aber gehörte dann uns. Jahr für Jahr ließen wir uns von Mama die wunderbaren Geschehnisse jenes Auferstehungstages erzählen. Die verzweifelte Angst und Verwirrung der Jünger, deren Hoffnungen zunichte gemacht worden waren, da sie die Errichtung eines jüdischen Königreiches durch Jesus erwartet hatten. Er war nun als Verbrecher am Kreuz hingerichtet worden, und sein geheimer Freund und Gönner, Josef von Arimathia, der Stadtrat und wahrscheinlich Angehörige des Essenerordens, hatte sich bei Pontius Pilatus dafür verwandt, daß der Leichnam Jesu vom Kreuz genommen werde, lange vor der Zeit – er hatte nur drei Stunden daran gehangen –, auch hatte er der Familie sein Grabmal und die notwendigen Tücher und Spezereien zur Verfügung gestellt. Josef von Arimathia war jene Gestalt, die nachher mit der Gralssage in Verbindung gebracht wurde. Und der geheimnisvolle Nikodemus, der Freund, der Jesus in der Nacht zu Gesprächen besucht hatte, kam hinzu und half den Frauen und dem Jünger Johannes, den Leichnam zu salben.

Am Morgen des Tages nach dem Sabbat in aller Frühe gingen Maria und Maria Magdalena mit Angst und Beben im Herzen zu dem Grab. Sie fanden den Stein herabgewälzt. Und als sie hineinschauten, war das Grab leer. Aber es saß am Grabe ein Jüngling in strahlend weißem Gewand (nach Johannes waren es zwei, nach Markus war es nur ein Engel) und verkündete ihnen, daß der, den sie suchten, auferstanden sei. Sie liefen voll Erschütterung und Freude zu dem Haus, in dem die Jünger sich versteckt hielten, um ihnen das zu verkünden. Maria Magdalena lief voraus. Da traf sie auf einen Mann in weißem Gewande, den sie für einen Gärtner hielt, und fragte ihn, ob er Jesus weggetragen habe. Dieser redete sie an und sprach: »Maria«. Da erkannte sie ihn, sie warf sich ihm zu Füßen und wollte ihn umarmen, aber er wehrte sie ab: »Rühre mich nicht an, denn ich bin noch nicht aufgefahren zu meinem Vater.«

Wir waren zu Tränen gerührt, wie Petrus und Johannes, als sie die Nachricht von Magdalena erhielten, ungläubig um die Wette rannten, um an das Grab zu kommen, wie sie zaghaft ins Dunkle traten und im Grab säuberlich zusammengefaltet das Leichentuch, das Sudorium, erblickten. Und nun erst eigentlich glauben mußten. Als sie aber den anderen versammelten Jüngern davon erzählten, hielten diese es für ein Märchen.

Abends, als sie beisammen saßen und nicht wußten, wie sie sich verhalten sollten, da sie sicherlich von den Schergen des Kaiphas verfolgt werden würden, da trat Jesus plötzlich mitten unter sie und begrüßte sie mit dem Friedensgruß. Sie sahen seine fünf Wunden und glaubten an seine Auferstehung und wurden froh. Er blies sie an mit seinem Atem und übertrug auf sie den Hauch des Heiligen Geistes und gab ihnen den Auftrag, in seinem Namen zu lehren, zu heilen und die Sünden zu vergeben.

Nur Thomas, der nicht zugegen gewesen war, wollte es nicht glauben. Acht Tage später trat Jesus wieder in den Versammlungsraum. Thomas erschrak. Da forderte Jesus ihn auf, seine Hand in seine Seitenwunde zu stecken. In höchster Verwirrung konnte Thomas nur stottern: »Mein Herr und mein Gott!« Worauf Christus zu ihnen allen sagte: »Selig sind, die nicht sehen und doch glauben!«

Im Zimmer war es dunkel, nur das Licht in der Lampade flackerte rötlich. Mama hatte eine unglaubliche Erzählergabe. Sie erlebte alles, was sie erzählte, und dieser Glaube übertrug sich auf uns. Wir glaubten, jene Geschichte, die sich vor so langer Zeit zugetragen hatte, geschehe jetzt und hier, so nah war sie und gegenwärtig. Wera seufzte, sie wünschte sich, sie hätte damals gelebt und wäre Maria Magdalena. Und Aljoscha und ich wünschten uns, wir wären Johannes, der am Herzen Jesu gelegen hatte und der ohne Zweifel gewesen war.

Wir waren unersättlich; solche Abendstunden mit der Mutter waren wie Balsam für unsere Seele. Wir wollten noch mehr hören, besonders die Geschichte von dem Gang nach Emmaus. Aber Mama verwehrte sie uns. Das seien solch ungeheure Ereignisse aus der Heilsgeschichte. Wir sollten in den nächsten Tagen oder Nächten darüber nachdenken und ihre ganze Tiefe in unsere Seele versenken.

An dem Tag, an dem Jesus mit den zwei Jüngern nach Emmaus wanderte, wollten wir es von Mama ganz genau wissen. Wir hatten diese Geschichte viele Male um die gleiche Zeit von ihr gehört. Aber der Tag hätte seinen Glanz nicht gehabt, wenn wir sie nicht aus ihrem Munde wieder gehört hätten. »Zwei der verängstigten Jünger hielten es nicht in der Verborgenheit ihres Verstecks aus. Die Decke fiel ihnen auf den Kopf, und sie vermeinten, daß die Wände sich ihnen näherten, um sie zu erdrücken. Trotz der Warnung der anderen begaben sie sich in das nicht weit entfernte Emmaus. Sie wanderten eine Weile, und ratlos und verschreckt, wie sie waren, unterhielten sie sich über die Ereignisse und verwunderten sich, daß das Grab Jesu leer gefunden worden war, und sie ängstigten sich um ihr Leben und ihre Zukunft.

Da gesellte sich ein Fremdling zu ihnen, er hörte ihre Gespräche mit an und fragte sie, was sie bedrücke, und sie erzählten ihm, daß ihr Meister, der Prophet, von dem sie erwartet hätten, daß er das Königreich Israel wiederherstellen würde, als Verbrecher ans Kreuz genagelt worden sei, und daß sie nun ratlos seien.

Der Fremde verwies sie auf die Weissagungen der Propheten, die vorausgesagt hätten, daß der Messias durch einen schändlichen Tod hindurchgehen müsse, ehe er das Reich Gottes unter den Menschen errichte. Aber sie begriffen ihn nicht. Sie kamen in den Ort hinein, und er machte Anstalten, weiterzugehen. Da baten sie ihn: ›Bleibe bei uns, denn es will Abend werden, und der Tag hat sich geneigt.‹ Er willigt ein, und sie bestellen ein Mahl, zu dem sie ihn einladen. Als es gebracht wird, bricht er das Brot und segnet es nach altem jüdischem Brauch. Und erst, als sie die Gebärde seiner Hände sehen, fällt es wie Schleier von ihren Augen, und sie erkennen ihn und fallen vor ihm nieder. Aber er war nicht mehr da. Da faßten sie neuen Mut und kehrten heim, um den Brüdern zu erzählen, was ihnen widerfahren war.«

Alles, was in diesen Tagen geschah, ist grauenvoll, entsetzlich, aber zugleich überwältigend und großartig. Doch diese Begebenheit ist die tröstlichste von allen. Da gehen die Unglücklichen, deren Dasein und Ziele in Scherben liegen, und merken nicht, daß ihr Meister mit ihnen geht. Sie erkennen ihn nicht. Das ist ein tiefes Sinnbild. Auch wir alle sind mit geistiger Blindheit geschlagen, auch wir sehen nicht, wer neben uns hergeht, ein Schutzengel, der Heiland, ein Freund. Wir sehen in ihm irgendeinen ganz gewöhnlichen Menschen. Wenn wir auf seine Worte achteten, würden wir wahrnehmen, daß er uns etwas ganz Entscheidendes zu sagen hat. Diese Geschichte ist seit seiner Bekehrung zum Christentum vor tausend Jahren zu einer der zentralen Geschichten für das russische Volk geworden. Wir alle, alle Christen warten auf die Wiederkunft Christi. Zeit und Ort sind uns verschleiert, aber die Sehnsucht danach lebt in unseren Herzen. Seine nächsten Jünger hatten ihn nicht erkannt; werden wir ihn erkennen, wenn er uns begegnet, da wir ihn nur von Erzählungen kennen?

Es ist gut, daß wir uns fragen, wenn einer neben uns geht oder auf uns zukommt: könnte es vielleicht der Heiland sein, verkleidet in die Gestalt eines Wanderers, eines Bettlers, eines Armen oder Kranken, eines Kindes? Irgendeines Menschen, oder gar eines Tieres, eines Hundes, eines Pferdes oder einer Kuh? Und wir sind blind und verpassen die einzige Gelegenheit. Aber in vielen von uns ist das Gewissen sensibilisiert, wir stehen in der Erwartung, und wenn wir dem Fremdling mit aller Herzlichkeit und Offenheit entgegenkommen, dann haben wir unseren Teil an der Pflicht erfüllt. Ist es nicht ein Wunder, daß alle orthodoxen Christen in der Welt, angeregt durch das Beispiel jener Geschichte, in stetiger Erwartung der Begegnung mit dem unerkannten Christus leben? Bei jeder Begegnung fragen sie sich: war es vielleicht der Herr, dem du soeben begegnet bist? Und wie oft, wenn wir achtlos an einem Menschen vorbeigegangen waren, ein Lächeln, einen Gruß nicht beachtet, einer bittend ausgestreckten Hand nichts gereicht hatten, werden wir von Gewissensbissen geplagt: haben wir Ihn vielleicht verpaßt?

Das russische Volk, aber auch das griechische und rumänische und die Menschen des Balkans sind geprägt von einer Achtung gegen jeden: die Armen und die Bettler, die politischen und kriminellen Gefangenen, die man »die Unglücklichen« nennt, die Geisteskranken und die Verkrüppelten, weil, so glaubt man, in ihnen Christus sich am ehesten offenbaren mag. Unsere Bauern legen bei jeder Mahlzeit einen Löffel bereit für den Gast. Und kein Gast wird abgewiesen, so arm der Hausherr selbst sein mag. Was kann es Wunderbareres im menschlichen Leben geben, als daß man im anderen das Abbild Christi vermutet! Welch selbstverständliche Achtung bringt man ihm dann entgegen, und wie beglückend ist ein Tag, an dem man solche Begegnungen hat mit der bangen Frage im Herzen: »Ist Er es?«

Später, in meiner Begegnung mit einem Großen des jüdischen Volkes, mit Martin Buber, fand ich in seinen »Chassidischen Geschichten« eine Parallele. Im jüdischen Volk lebt die Sage, daß der Prophet Elia unerkannt durch die Lande wandere, und es gehört zum beglückendsten Erlebnis, ihm zu begegnen. Der Schüler eines Zaddiks bekundete seinem Rabbi gegenüber immer wieder den brennenden Wunsch, dem Elia zu begegnen. Der Rabbi schickte den Jüngling auf eine Reise. Er blieb zur Nacht in einer Herberge, es war eisiges Wetter und schneite. Der Jüngling saß am Ofen und wärmte sich. Da ging die Tür auf, ein verschneiter Greis im Schafpelz trat herein, klopfte den Schnee vom Mantel, entbot den Friedenssegen und setzte sich an den Ofen. Nach einer Weile verabschiedete er sich und ging hinaus. Später, als der Jüngling von der Reise heimgekehrt war, fragte ihn der Rabbi mit einem Schalk in den Augen: »Na, wie war es denn mit dem Elia, hast du ihn endlich gesehen, das war doch dein sehnlichster Wunsch?« Der Jüngling stutzte, nein er habe Elia nicht gesehen. »Siehst du, so geht es einem, nun kommt er, setzt sich zu einem an den Ofen, spricht den Friedenssegen, und du erkennst ihn nicht.«

An einer anderen Stelle erzählt Buber: »Der Jehudi pflegte einen Bauernrock anzuziehen, eine Schirmmütze, wie sie die Bauern tragen, aufzusetzen und mit seinem Hausverwalter, der sich ebenso verkleidet hatte, auf alle Märkte zu fahren, um den in Bauerngewand wandernden Elia zu suchen. – Einmal erblickte er auf einem Markt einen dörfischen Mann, der eine Mähre am Zügel führte. Er packte den Verwalter am Arm und schrie: »Da ist er!« Der Fremde blitzte ihm seinen Zorn ins Gesicht. »Jud!«, rief er, »wenn du weißt, wozu redest du!« und schon war er verschwunden.

MAI · DAS FEST DER HIMMELSKÖNIGIN

Der erste Mai ist ein gesetzlicher Feiertag, ein Feiertag der Arbeiterklasse, der fast in der ganzen Welt gefeiert wird. Es ist ein säkularer Feiertag. Aber das scheint nur so. Wir wissen, daß die Kelten, die um 500 vor Christus das Abendland bevölkerten und die wir als unsere Vorfahren betrachten, bereits in der Hallstattkultur im Salzkammergut den ersten Mai als den Fruchtbarkeitstag feierten. Da wurden zum erstenmal ihre Herden auf die Almen geführt, wo sie den ganzen Sommer blieben. Dieser Tag ist auch der Hexentag, die Walpurgisnacht, an der die Hexen auf dem Besen zum Bocksberg reiten, um ihren Meister, den Satan, zu treffen und mit ihm Orgien zu feiern. Die Sitte, Birkenbäumchen vor die Tür zu stellen und den Maibaum, einen riesigen Tannenbaum mit vielen Emblemen der Landwirtschaft, des Handwerks und des Handels, einen Phallus, auf dem Marktplatz aufzurichten, ist uralt. Manchenorts werden Feuer angezündet und Maitänze aufgeführt. Auch die Mysterienspiele im Mittelalter fanden um diese Zeit statt. Mit dem Wort Maienzeit ist die Jugend gemeint, und »maien« heißt auch, um einen Freund werben.

In der katholischen Kirche ist es die Zeit der Verherrlichung der Muttergottes, der Theotókos, eine wunderbare Sitte, die uns bis in das Dunkel der mythischen Zeiten mit unseren Ahnen verbindet. Die jüdische Religion war eine ausgesprochen männliche, patriarchalische Religion. Die Frau war untertan dem Manne. Das Christentum und der Islam atmen den gleichen Geist.

Es wird angenommen, daß in Urzeiten das Matriarchat, die Vorherrschaft der Frau, dominierte. Die alten Völker der Mondreligion verehrten Muttergöttinnen. Die Inder verehren die »Große Mutter«, die Sumerer nennen ihre Göttin Istar, die Himmelskönigin, und »unsere liebe Frau«. Bei den Ägyptern ist es Isis, bei den Griechen die Muttergöttin Demeter, in Kleinasien Kybele, in Babylonien Astarte, auf Kreta wird sie »aphroditissa« genannt, oder »glykophilusa«, die süßliebende. Im keltischen Raum sind es die Matronengottheiten, und manch eine Darstellung einer Muttergottheit mit Kind gleicht den romanischen Muttergottesdarstellungen. Der Mond, das weibliche Prinzip, die Fruchtbarkeit, die Mütterlichkeit, die Liebe, der heimische Herd sind ihre Domänen. Es lebte sich leichter, heiterer und gemüthafter unter dem Schutz der liebenden und verstehenden Muttergottheit. Und alle Kinder, solange sie klein waren, fanden bei der Mutter mehr Schutz als bei dem strengen, kriegerischen Vater. Bis ans Ende des Lebens blieb die Mutter der Inbegriff aller Sanftheit, Liebe, Freundlichkeit, Häuslichkeit und Geborgenheit.

Im Evangelium schaut man vergeblich nach diesem Element aus. Es gibt sogar einige harte Worte Jesu gegen seine Mutter. Wenn er ihr entwischte oder als Knabe im Tempel, die Erwachsenen belehrend, vorgefunden wurde, oder wenn er, der Gefahr nicht achtend, die ihm von den hetzerischen Pharisäern drohte, dennoch auf Plätzen oder in Synagogen Menschen um sich versammelte, ging die geängstigte Mutter ihm nach und suchte ihn zu beschützen. Die Leute, die seine Mutter kommen sahen, verkündeten ihm: »Siehe, deine Mutter und deine Brüder draußen fragen nach dir.« Da antwortet er: »Wer ist meine Mutter und meine Brüder?« und, auf das versammelte Volk weisend, sagt er: »Siehe, das sind meine Mutter und meine Brüder!«

Aber als die vielen Völker des Mittelmeeres und des nahen Ostens, die es gewohnt waren, sich in Nöten, in Dank und Gebet an die Muttergottheit zu wenden, nach der Etablierung der christlichen Staatskirche durch Konstantin mehr oder minder zwangsläufig christlich geworden waren, konnten sie auf ihre Muttergottes nicht verzichten. So geschah, was immer zu geschehen pflegt: trotz der neuen Lehre war das Blut der Ahnen stärker, und so wurde 431 der Kult der Muttergottes in die Kirche und Liturgie eingeführt. Jesu Mutter, Maria, wurde stellvertretend für alle Muttergottheiten auf Erden die Gottesmutter, die Gottesgebärerin, die Himmelskönigin. Wenn die Kirche die Litanei singt, so kommen darin alle Attribute vor, die vor tausenden von Jahren schon genannt wurden. Die einfache Magd Maria trägt die Krone, den blauen Mantel und die drei Sterne, die auf die Dreifaltigkeit weisen, sie steht mit den Füßen auf der Mondsichel und zertritt die Schlange, das alte Sinnbild des Widersachers Gottes, des Satans, des Versuchers, und manchmal reicht sie dem göttlichen Kind den Apfel als Zeichen der Versuchung der Urmutter Eva und der Entsühnung durch Jesus Christus.

Vor den Marienstatuen sind Blumen des Frühlings aufgestellt, und man wird von den feierlichen Marienandachten und den abendlichen Prozessionen mit Kerzen oder Fackeln in einen heiligen Bann gezogen. Der Protestantismus hat in seinem Reformbestreben und seiner Unbedingtheit vieles aus der katholischen Kirche hinweggefegt, so die Verehrung der Muttergottes und die Verehrung der Heiligen und der Reliquien. Er bezog sich mit Recht auf die reine Lehre Christi, aber er hat nicht mit dem kräftigeren endothymen Grund der Menschheit gerechnet, die des Gemüthaften, des Geheimnisses, des Wunders und des Mythos bedarf. Die Kirchen wurden puritanisch, aber auch arm für das Gemüt; die Bildwerke, die bunten Bibelbilder, die Wonne für die Augen und für das Herz, wurden entfernt. Die Musik, die schönste, aber auch die abstrakteste aller Künste, feierte Einzug. Aber das mütterliche Element, die Mutter Gottes, die Mutter war und nicht Richterin, sie fehlte und es fehlten die wichtigen Bezugspersonen für das Leben, die christlichen Märtyrer und Heiligen, zu denen man um kleine Erfüllungen beten konnte, wegen deren man weder Gottvater noch Christus belästigen mochte: der Heilige Antonius zum Wiederfinden von verlorenen Gegenständen, der Heilige Valentin oder Veit bei Epilepsie, die Heilige Apollonia bei Zahnschmerzen, der Heilige Jakobus oder der Erzengel Raphael auf Reisen, der Heilige Spiridion in Geldangelegenheiten und der Heilige Pantaleimon für ärztliche Hilfe. Man ging und zündete für sie eine Kerze an und betete für sich oder für andere, und so entstand ein geistiger Bogen vom Betenden über den angerufenen Heiligen zu Gott.

Jeder, der weiß, daß Gedanken und Wünsche Kräfte sind, wird sich vorstellen können, daß gerade das Gebet eine große Kraft ist, die wir aus uns ausströmen lassen und die Großes bewirkt.

GEBET

Trotz der Säkularisation, der Abkehr von Religion und Gott wird in der Welt noch viel gebetet. In früheren Zeiten und bis in die Urzeit des Menschen wußte man um die Macht des Gebets, um die Macht der guten und bösen Gedanken. Welche Angst hatte man vor bösen Gedanken, vor einer Verwünschung oder einem Fluch! Junge Menschen, die gegen den Willen ihrer Eltern heirateten und nicht ihren Segen erhielten, waren von Unglück verfolgt. Es bleibt sich gleich, ob das Unglück als ein Deus ex machina auf sie herabstürzte, oder ob ihr eigenes schlechtes Gewissen und ihr Unbewußtes ihnen jede Freude verdarb.

Menschen, die sich verabschiedeten, baten: »Bete für mich«, es war kein leeres Wort, es war ein echtes Anliegen, und in der Gewißheit, daß die anderen es für einen taten, gewann man Zuversicht und Kraft.

Meister Eckhart, der große Mystiker und Weise, ein revolutionärer Geist, sagt: »Das kräftige Gebet, allmächtig fast, alle Dinge zu erwerben, und ebenso unter allen das wertvollste Werk, ist solches, das hervorgeht aus einem ledigen Gemüte. Je lediger dieses, desto kräftiger, näher und vollkommener. So inbrünstig, so mit allen Fasern Leibes und der Seele muß man beten, daß man fühlt, eins zu werden mit dem, zu dem man betet, mit Gott.«

Mitten im neunzehnten Jahrhundert entstand eine religiöse Sekte, die sich Christian Science nennt. Der Name ist vielleicht irreführend, denn es ist keine Wissenschaft und sie will es auch nicht sein. Was die Gruppe auszeichnet, ist ihr unerschütterlicher Glaube an die Macht des Gebets. Diese Menschen lernen beten, für sich selbst und für die anderen, und da sie das Gebet ernst nehmen, entfalten sie ungewöhnliche Kräfte. Sie sind so vermessen, daß sie glauben, auf ärztliche Hilfe bei Krankheiten und Unfällen verzichten zu können, und daß Heilungen durch das Gebet bewirkt werden. Was auf diesem Gebiet geschieht, ist erstaunlich, und bewundernswert ist der unerschütterliche und naive Glaube der Gläubigen. Ich habe mich bei Begegnungen mit Mitgliedern dieser Gruppe überzeugen können, daß Krankheiten, die chronisch waren und jeder medizinischen Therapie trotzten, geheilt und daß Hysteriker, deren Gedanken nur um ihr Selbstgefühl und ihre Krankheiten kreisten, normale und fröhliche Menschen wurden.

Aber auch scheinbar banale Gebete um Kleinigkeiten, um irgendwelche Wünsche, um das Wiederfinden von verlorenen Gegenständen, sind kein Unsinn. Der Mensch ist emotional mit vielen Dingen verbunden; dahinter verbergen sich magische oder mystische Dinge. Es gibt Gegenstände, die man von seinen Eltern oder Ahnen geerbt hat und die für einen eine spezifische Bedeutung haben, als ein geheimnisvoller Schutz oder ein Segen, wie es Talismane oder Kreuze sind. Sie gehören zur Familie oder zur Person und sind mit ihr schicksalmäßig verbunden.

So gibt es zum Beispiel in den Familien der Grafen von Asseburg und der mit ihnen verwandten Grafen Rothkirch einige Kelche aus Bergkristall oder Glas, die aus dem Besitz ihrer Urahnin, der Heiligen Hedwig von Schlesien, einer bayrischen Gräfin von Andechs (heiliggesprochen 1267), stammen. Die Sage geht, daß, wenn ein Glas zerbricht, der Zweig des Geschlechts, dem es gehört, ausstirbt. Im Kirchenbuch zu Wallhausen steht vermerkt, daß zwei Brüder der Familie in trunkenem Zustand ein solches Glas haben fallen lassen, so daß es zerbrach. Am gleichen Tage, als sie nach Brücken fahren wollten, seien sie von ihren scheuenden Pferden zu Boden geworfen und zu Tode geschleift worden. Ihr Zweig sei mit ihrem Tode erloschen.

Wer glaubt, daß Gegenstände tote Dinge seien, kann sich sehr irren. Die Alten wußten, daß die Dinge, die sie kunstvoll und mühevoll anfertigten, ein geheimes Leben und eine ebenso geheime Beziehung zu einem Menschen oder einem Stamm hatten. Nicht umsonst bekamen wesentliche Gegenstände: ein Schwert, ein Helm, ein Schild, ein Kelch, ein Kreuz, ein Talisman einen eigenen Namen und wurden mit der ihnen gebührenden Ehrfurcht behandelt. So hieß das Schwert des legendären Drachentöters Sigurd Farnesbane »Graun«, mit dem er den Drachen Favne getötet hat. König Artus hatte ein Wunderschwert Excalibur, das man in einem Steinblock eingerammt fand, und keiner konnte es herausziehen als Artus selbst. Siegfrieds Schwert hieß Balmung. Laurens van der Post schildert in seinem Buch: »Wenn Stern auf Stern aus der Milchstraße fällt« (A story like the wind) Erlebnisse mit Negern. Der Häuptling Bamuthi Malabele zeigte ihm seine Waffen, Speere und Keulen. Das seien lebendige Wesen. Und wenn man ihnen keinen Namen gäbe, wüßten sie ja nicht, daß sie herkommen und ihre Pflicht erfüllen sollten, wenn man sie riefe. Übrigens müsse man ihnen den Namen desjenigen, der sie rufe, auch mitteilen, da sie sonst möglicherweise einem Falschen dienten. Der Speer des Häuptlings hieß U Simsela Banta Bami (er stöbert auf für seine Kinder). Ein kurzer Speer mit breiter Klinge Imbab (Seufzerbringer). Die Keule Igum Gehle (die Gefräßige).

Meine Mutter besaß ein Pentagramm mit einem

Kreuz darauf, ein Geschenk meines Vaters, das sie als Brosche trug und sehr hütete. Eines Abends im Winter kam sie heim und das Pentagramm fehlte. Sascha war inzwischen an Flecktyphus in Rußland gestorben. Meine Mutter war untröstlich. Sie rief mich an und bat mich, ich möchte beten, daß die Brosche gefunden werde. Ich zündete nach altem Brauch der Familie eine Kerze für den Heiligen Antonius an, sie tat desgleichen. Dann ging sie auf die Suche. Sie hatte die Brosche in Remscheid in einer belebten Straße verloren, es war Tauwetter. Sie hatte das Gefühl, als ob das Pentagramm sie riefe. Und wirklich fand sie es am Rand des Bürgersteigs in dem Rinnstein. Es leuchtete sie geradezu an. Sie war glücklich und dankte mir für das Gebet, und natürlich dankte sie dem Helfer, dem Heiligen Antonius.

Wir sind in Rußland mit den Gnomen, Hausgeistern und Waldschraten groß geworden. Unsere Köchin Froßja hatte ein ganzes Regiment von helfenden Karliki, und die Njanja stand sich auf du und du mit ihnen. Die Menschen aus dem Volk glaubten fest daran, und viele sahen sie wohl auch. Die Gebildeten waren verbildet, ihnen waren die Organe der Wahrnehmung atrophiert, deswegen wurden sie von der Njanja und dem Gesinde bedauert und verachtet. Meine Schwester Wera hatte wohl in ihrem kärglichen Gepäck einen der Karliki mitgebracht. Jedenfalls behauptete sie vor Mama und mir, daß sie einen habe. Nie wagte sie es, ihrem Vater Karluscha oder irgendwelchen Deutschen davon ein Wort zu sagen. Ich wußte, daß er ihr aus vielen schwierigen Situationen heraushalf, zumal sie sehr viele Dinge verlegte und verlor. Eigentlich hätte sie ein halbes Dutzend Karliki gebraucht, die auf sie hätten aufpassen sollen.

Eines Tages war ich bei ihr zu Besuch in Berlin. Ich ging hinauf auf den Speicher, um in einer alten Kiste nach Photographien zu suchen. Beim Essen merkte ich, daß ich meinen kostbaren Ring, eine griechische Gemme, verloren hatte. Es war ein Geschenk der Prinzessin Viktoria Schaumburg-Lippe, der Schwester des Kaisers. Sie hatte diese Gemme von ihrer Mutter, der Kaiserin Friedrich, bekommen. Ernst Robert Curtius hatte sie bei den olympischen Ausgrabungen gefunden. Es war ein dunkler Topas, in den waren sehr kunstvoll eingeschnitten die Göttin Athena mit einem Schild und einer Spindel und ein Eros, der ihr den Helm reichte. Ich war verzweifelt. Man faßt es als ein böses Omen auf, wenn man etwas, das man geliebt und gehegt hat, verlor. Ich glaube kaum, daß es einen Menschen gibt, der auf solche Ereignisse nicht mit abergläubischer Scheu reagierte, mag er noch so aufgeklärt sein.

Meine Schwester Wera machte sich ans Suchen. Sie meinte, wenn der Ring nicht außerhalb des Hauses verlorengegangen sei, dann würde ihr Karlik ihn finden. Natürlich wurde sofort eine Kerze für den Heiligen Antonius angezündet. Wera suchte in der Wohnung, sie hatte aber den Eindruck, daß der Ring nicht dort sei. Da erfuhr sie von mir, daß ich auf dem Speicher gewesen sei. Sie stieg hinauf und kam nach wenigen Minuten zurück. In der Hand schwenkte sie den wiedergefundenen Ring und rief triumphierend: »Er hat ihn gefunden! Er hat ihn gefunden!« –Ihr Mann Alfred fragte gereizt: »Wer?« – »Der Karlik natürlich, wer denn sonst!« Es entstand ein Familienstreit, weil Alfred, als aufgeklärter Deutscher, sich über die imaginäre Existenz eines unsichtbaren Gnomen ärgerte. Wera dagegen kämpfte verbissen um seine Anerkennung. Jedenfalls war der Ring wieder da. Wera schilderte es so, daß der Karlik sie spürbar geführt habe. Sie sei wie somnambul zur Kiste gegangen, habe hineingegriffen und sei sofort auf den Ring gestoßen.

Manchmal glaubt man, über die Gottlosigkeit oder Geistlosigkeit unserer Zeit verzweifeln zu müssen. Es gibt keinen Grund zur Verzweiflung. In der Welt gibt es immer Wandlungen, der Pendel schlägt allerdings manchmal nach einer bestimmten Seite besonders stark aus. Zur Zeit schlägt er nach links aus. Wenn die Menschen dieses Linksausschlags müde geworden sind, wird er wieder nach rechts ausschlagen. Es gab im Christentum barbarische Zeiten mit Inquisitionen, Menschenvernichtungen, Verbrennungen und heimtückischen Morden, und dann wandelte sich die Zeit. Es gab Zeiten, da die Kirchen und die Klöster leer waren oder in der sie säkularisiert wurden aus revolutionärer und atheistischer Gesinnung. Über kurz oder lang hatte sich das Blatt gewendet.

Inmitten eines staatlich befohlenen Atheismus gibt es eine Unmenge von Gläubigen und Bekennern, die trotz Gefahr für Leib, Leben und Freiheit sich zu Christus mutig bekennen, und gerade in satten Ländern werden die Scheinchristen müde und schwach. Sie sind von der Welle des Materialismus durchsetzt und glauben nur noch an das, was sie anfassen können.

Das wird sich sehr bald ändern, und zwar wird die Welle des Spiritualismus und der Religiosität aus der aufgeklärten Wissenschaft kommen. Seit einigen Jahren beschäftigen sich die akademischen Wissenschaften mit den immer zahlreicher werdenden Phänomenen der Parapsychologie. Am weitesten fortgeschritten auf diesem Gebiet sind ausgerechnet die Russen und Bulgaren. Es liegt daran, daß in diesen Völkern trotz Ablehnung der metaphysischen Wahrnehmungen die Antennen zum All noch nicht verkümmert sind, wie es im Westen der Fall ist.

[Marginalie: MODERNE MENSCH]

Die menschliche Logik ist ein sehr gebrechliches Ding. Auch der klügste Mensch, der sehr logisch denkt, kann aus der Logik in die größten Absurditäten hineingeraten. Er will es nicht wahr haben, daß er ein Kind zweier oder mehrerer Welten ist. Mit seiner auf die Ratio ausgerichteten modernen Vernunft nimmt er alle Dinge wahr, die er mit den Mitteln der Wissenschaft, der Chemie und Physik beweisen kann. Jenseits dieser Grenzen negiert er heute alles als Phantasie, als krankhaft oder schizophren. Der materielle Bereich seiner Wahrnehmungen ist aber sehr beschränkt. Der archaische Mensch, der noch in der Harmonie mit dem Kosmos lebte, der aus dem Verhalten der Tiere, Vögel und Insekten Schlüsse auf Veränderungen der Atmosphäre zog, der Engel, Dämonen und Gnome mit eigenen Augen sah und sie als Gottheiten der Natur verehrte, der noch mit Gott und den Engeln sprach und von Teufeln gequält wurde, hatte ein anderes Wissen von der Welt, er war noch mit der Erde, dem Himmel und dem unterirdischen Reich verbunden. In dieser Zeit gab er den Tieren Namen und betrachtete sie als ihm verwandte Wesen, und die Dinge aus dem Mineralreich, oder die von des Menschen Hand gemacht waren, hatten ihre Namen und verfügten über geheime Kräfte. Es war eine durchpulste Welt voller innerer Beziehungen zueinander, zusammengefügt zur Harmonie durch Gott und seine Engelscharen und gestört durch den Durcheinanderwerfer, den Diabolus.

Es ist das Schicksal unserer Erde, daß Naturkatastrophen und noch mehr die Einfälle barbarischer Völker, die auf einer niederen Zivilisationsstufe standen, die alten Hochkulturen zerstörten. Die Erzeugnisse dieser Kulturen waren ihnen fremd und daher wertlos, sie wußten mit den Dingen nichts anzufangen. Jahrhunderte waren erforderlich, bis sie sich selbst eine neue Hochkultur geschaffen hatten. Offenbar ist diese Form der Evolution vom Niederen zum Höheren dem Menschen eigentümlich. Das Andersartige, sei es der Nachbar mit seiner verschiedenen Sprache, seiner anderen Kleidung, Religion und Wohnkultur ist dem Menschen suspekt, er fühlt sich von seinem Anderssein in seinem So-Sein bedroht, fürchtet ihn und greift ihn schließlich an.

Es ist eine Besonderheit unserer Zeit, daß wir in der Erde graben und alte übriggebliebene Schriften oder beschriftete Steine ausgraben, um etwas vom Leben und den Gedanken unserer Vorfahren zu erkunden. Und Wunder des menschlichen Geistes und der menschlichen Kunstfertigkeit, die vielfach unserer Gegenwart überlegen sind, werden gefunden und erzeugen Hochachtung und Ehrfurcht gegenüber früheren Kulturen.

Aber auch hier fällt uns die Enge des Denkens und die Ahnungslosigkeit und Phantasielosigkeit unserer klugen Akademiker auf. Sie begegnen ungeheuren Bauwerken wie den ägyptischen oder mexikanischen Pyramiden, den Megalithbauten Südamerikas, Timbuktus in Afrika oder den Dolmen in Britannien oder England. Sie können nicht erklären, wie solche ungeheuren Steine über lange Strecken, zum Teil auf hohe Berge, geschafft und wie sie mit steinernen Werkzeugen zugehauen werden konnten, so daß sie sich nahtlos aneinanderfügen. An übernatürliche Kräfte können sie in ihrer geistigen Beschränktheit nicht glauben. Andere großartige, uns unbekannte technische Möglichkeiten kommen ihnen nicht in den Sinn, weil sie des Glaubens sind, unsere derzeitige Technik sei die höchste in aller Welt. So glauben sie tatsächlich, daß man mit vielen Tausenden von Menschen die Blöcke auf Holzrollen den ganzen Weg zum Ziel beförderte. Und keiner von ihnen versuchte, ein solches Experiment nachzuvollziehen, um seine totale Unsinnigkeit festzustellen. Des Menschen Hochmut und seine geistige Beschränkung sind gute Ehepartner.

Unsere Welt ist voll von Erinnerungen an Begegnungen mit Wesen aus dem Kosmos. In den alten Zeiten erlebte man sie als Götter, die zu uns kamen. Heute sind es unbestimmte fliegende Objekte, die die Welt beunruhigen und die an ungezählten Orten des Himmels gesichtet werden. Da wir nun selbst mit unseren unbemannten und bemannten Raketen durch den Himmel fliegen, können wir nicht mehr ableugnen, daß auch andere Wesen aus dem Weltall herumzufliegen vermochten.

Ich habe in meinem Bauernhaus in Ranerding einen weiten offenen Himmel und manchmal des Nachts stehe ich und schaue voll Bewunderung auf die unermeßlichen Sterne. Aber da flogen bunte Sterne durch den Nachthimmel. Ich wußte, daß eine von Menschenhand gemachte Rakete gerade unterwegs sei. Aber dann sah ich weitere, die in anderer Richtung flogen und weniger hell leuchteten. Ich ging ans Telefon und rief meine lieben Nachbarn und Freunde, die Grafen Montgelas an, ob sie wüßten, was da herumfliege. Ludwig Montgelas meinte, das seien wohl Reste von Raketen. Dann sagte er: »Man ist schon froh, wenn man einen Stern am Himmel sieht, der nicht herumtanzt und fliegt.«

Die Beschreibungen oder Zeichnungen von fliegenden Objekten aus alter Zeit sind verblüffend. Nur konnte sie niemand deuten, weil man keine Vorstellung von solchen Dingen hatte. Man hielt die Darstellungen oder Beschreibungen für reine Phantasie oder für Visionen von Propheten. In der indischen Ramayana, die wahrscheinlich zweitausend Jahre vor Christus entstand, werden Kämpfe in der Luft geschildert, die auffallend den Atombombenabwürfen auf Nagasaki ähneln. Dinge und Menschen werden weggefegt, brennend und hell leuchtend wie welkes Laub, das Feuer fällt vom Himmel, ein Wolkenpilz steigt aus dem anderen, die Erde ist für alle Zeiten verbrannt, und es wächst nie wieder etwas auf ihr. Erst jetzt, nach der Kenntnis der Zerstörungsfolgen durch die Atombombe, können wir begreifen, daß hier Erlebnisse und nicht Phantasien oder Prophezeiungen geschildert werden.

Ich habe einen Freund, der katholisch und Professor an einer Universität ist. Er geht jeden Sonntag in die Kirche und glaubt an Gott, an die Mutter Gottes, an die Heilige Dreifaltigkeit, an die Engel und die Heiligen. Das hat er in seiner Kindheit gelernt, das ist in seiner Seele eingeprägt. An den Teufel glaubt er schon weniger. Als ich ihm von den Phänomenen der Gedankenübertragung erzählte, an denen man jetzt intensiv arbeitet, schüttelte er den Kopf; er glaubte sie nicht. Noch viel weniger glaubte er an die Existenz von Gnomen oder anderen unsichtbaren Wesen. Keine Überredungskraft half. Die Engel waren da und der Heilige Geist, sie waren verankert in seinem Glaubenskodex. Die anderen Dinge waren nicht da. Basta!

Es gibt in der Welt Prädilektionsstellen für außersinnliche Wahrnehmungen, so bei Völkern mit einer starken Verwurzelung im Mythos und in kosmischen Dingen; das sind auch solche, die ihre uralten »heidnischen« Sitten und Gebräuche und ihren »Aberglauben« erhalten haben. Man findet sie in Rußland und in Sibirien, wo der Schamanismus noch lebendig ist, in den Karpaten und in Ungarn, in Irland und in Schottland, in Island und in Skandinavien, in der Bretagne, in den Pyrenäen, in Apulien und Sizilien, bei den Indianern Amerikas, in China und in Japan. Die Spökekieker sind trotz Zivilisation, elektrischem Licht und Fernsehen noch nicht ausgestorben.

In der Blütezeit des Materialismus und Rationalismus haben die Engländer in der zweiten Hälfte des vorigen Jahrhunderts eine Zeitschrift gegründet, deren Ziel es ist, den außersinnlichen Phänomenen nachzuforschen. Sie heißt »Journal of Psychical Research«. Trotz des immer mehr um sich greifenden Rationalismus und Atheismus eröffneten England und Amerika zuerst akademische Institute für Parapsychologie. Deutschland und Frankreich folgten. Einer der ersten ernsthaften Wissenschaftler war Professor Rhine in Amerika, der mit exakten Methoden die Fähigkeit von Gedankenlesen und Gedankenübertragungen erforschte. Die Resultate waren verblüffend und man stellte fest, daß diese Eigenschaften entwicklungsfähig sind.

Dann sickerte es bei den Sowjets durch, daß die Amerikaner offenbar extrasensorische Versuche mit Unterseebooten und bemannten Raketen machten. Also wurde die Sache gefährlich. Wenn es wirklich gelang, nur mit der Kraft des menschlichen Gedankens Nachrichten oder Befehle über unendliche Entfernungen zu übermitteln, ohne Mitwirkung der Technik, dann wären die Amerikaner ihnen überlegen. Und sie begannen in großem Maßstabe, solche Institute zu errichten. Da sie sich nicht so sehr mit abstrakten Theorien abgaben, sondern die Dinge praktisch anfaßten und außerdem über eine Menge von für diese Fragen begabten Personen verfügten, machten sie auf diesem Gebiet unerhört schnelle und eindrucksvolle Fortschritte. Ihre Versuche sind wirklich verblüffend. So sendet ein Professor in Moskau einen Gedanken an seine Probandin in Sibirien, und sie empfängt ihn in der gleichen Sekunde, und wortwörtlich. Ähnliches gilt für die Entwicklung hypnotischer Fähigkeiten und, auf anderem Gebiete, der Präkognition, der Fähigkeit der Voraussicht.

Nun, das ist natürlich kein Materialismus mehr. Aber was ist Materialismus? Er ist durch die moderne Physik und die Atomlehre bereits längst überwunden. Wir wissen, daß es die Materie, wie wir sie in unserer Beschränktheit auffassen, gar nicht gibt. Vor dreihundert Jahren hätte man alle Erfinder von Elektrizität, Telefon, Telegraf, von Lokomotiven, geschweige denn Flugzeugen, Raketen, Radio und Fernsehen als Hexen verbrannt. Das war Blasphemie. Und die Älteren unter uns hätten sich noch vor wenigen Jahren nicht vorstellen können, daß Menschen auf dem Mond landen und daß Raketen zu Sonne, Mars und Venus unterwegs sein würden. Heute sind diese Dinge, wenn wir sie auch nicht begreifen können, Wirklichkeiten, an denen niemand mehr zweifelt.

Nun entdeckt also der atheistische Materialismus auf dem Gebiet des Übersinnlichen, das bisher die Domäne Gottes und seiner Engel war, greifbare Wirklichkeiten. Gut, dann werden sie eben auch in den materiellen, sogar rationalen Bereich einbezogen. Aber wie steht es dann mit Gott? Wie ist es mit den überirdischen, den guten und den bösen Mächten? Werden sie denn nicht wie durch ein großes Fernrohr ins Blickfeld herangeholt? Wird man einem gläubigen Menschen noch sagen können: »Deine Gedanken, deine guten Wünsche, deine Gebete, das ist alles Unsinn, das sind Ammenmärchen?« Und wird er nicht entgegnen: »Mit diesen Gedanken übermittelt ihr Nachrichten oder erteilt hypnotische Befehle, ihr treibt willkürlichen Mißbrauch mit der Gabe Gottes!« Und wird nicht das einfache russische Volk, das immer gebetet hat, nun einen handfesten Beweis gegen die Lehre des Atheismus haben und um so mehr auf Gott bauen, dem es vertraut?

So wie die Menschen in ihrem Unglauben und in ihrer rational scheinenden Irrationalität sind, kann man erwarten, daß sie nichts davon begreifen und daß sie gewohnheits- und traditionsgemäß den Kampf für den Atheismus fortführen werden. Genau so, wie sie glauben, daß sie nach der Lehre von Marx und Lenin leben, wohingegen sie sich längst einem der schlimmsten Imperialismen verschrieben haben.

Für den aber, der im Glauben lebt, gibt diese Forschung des Übersinnlichen neue Antriebe und neue Kraft der Gewißheit, daß Gedanken, gute helfende Gedanken und Gebete eine Macht und eine Hilfe sind, und daß ebensosehr ungute, neidische, mißtrauische Gedanken und Flüche vergifteten Pfeilen gleichen, die den Empfänger verletzen, die aber wie ein Bumerang auf den Absender zurückfallen; denn alles Böse richtet sich immer gegen den Absender, sei es im Sinne des Karma, sei es im Sinne der Lehre Christi.

JUNI · ER MUSS WACHSEN, ICH ABER MUSS ABNEHMEN (Joh. 3,30)

Am 5. Juni feiert die Christenheit das Todesdatum des Heiligen Bonifatius, eines der großen Missionare Deutschlands. Er war wie die meisten christlichen Missionare, die die Deutschen zum Christentum bekehrten, ein Iro-Schotte. Es war ein besonderer Segen, daß uns das Christentum nicht so sehr von Rom, als vielmehr aus einer ganz anderen Gegend gebracht wurde. Es kam zu uns aus dem nordwestlichsten Bezirk Englands, aus dem Bezirk, in dem unsere Rassebrüder, die Kelten lebten. Dort in Irland hatten sie sich über viele Jahrhunderte in ihrer alten Kultur und Eigenart am längsten erhalten. Die Römer hatten sich bereits im Beginn ihrer Reichsgründung als trockene, amusische, kalte Rechner, Erbauer einer Ordnungsmacht und eines straffen Rechtsbegriffs erwiesen. Die irischen Kelten lebten aus ihrer übersprudelnden Phantasie, sie waren großartige Dichter und Erzähler. Bis zum Einbruch des Christentums schrieben sie nichts auf, aber sie kannten ihre alten Sagen auswendig. Sie lebten mit den Gnomen und den Erd-, Wasser- und Luftgeistern in Frieden.

Sie nahmen das Christentum begeistert auf. Das Element der Transparenz und der Transzendenz war ihnen eigen. Wunder liebten sie über alles, und die blumige, gleichnishafte Sprache Christi war ihnen aus ihrem eigenen Sprach- und Ideenschatz vertraut. So zogen sie in Gruppen durch Deutschland, ließen sich an manchen Orten nieder, denn mit einer einzigen Predigt war das Werk der Christianisierung nicht getan. Namen und geographische Bezeichnungen geben Kunde von ihrer Gegenwart. Ich lebe in Bayern in dem Rupertiwinkel, in einem weiten Bereich, den der Heilige Rupert zum Christentum bekehrt hat. Manche Ortsnamen deuten auf die Niederlassung der Iren. So gibt es allein in meiner Nähe Irl, Irlham, Irrenhausen, oder Anhängsel mit Zell: Felizenzell, Pauluszell etc., also Einzelniederlassungen von Eremiten.

Sie waren Meister der Schrift und der Illumination. Hat man das Glück, eine jener alten Evangelien oder Sagen zu betrachten, ist man ergriffen von der Kalligraphie, von der Sorgfältigkeit und Schönheit der Schrift. Denn sie malten auch die Evangelien aus, und was da alles um die großen Buchstaben und an den Seitenrändern in höchsten Verschnörkelungen an Pflanzen und Blumen, an Tieren und Menschen ineinander verschlungen ist, was sie aus ihrer märchenhaften keltischen Phantasie ans Tageslicht holten, das ist fabelhaft und berauschend.

Auch ihre steinernen Kreuze, die mit dem Sonnenrad der Unsterblichkeit geschmückt sind, weisen Christus und die Heiligen, eingesponnen in Verschnörkelungen, vermengt mit dämonischen Wesen auf. Das ist wahrhaft der keltische Christus, und diesen keltischen Christus brachten sie zu den Germanen.

Bonifatius war einer der gewaltigsten Prediger der Iroschotten. Er wurde 675 geboren und lebte als Mönch in Nhutcelle. 732 wurde er mit anderen Mönchen nach Deutschland gesandt als Erzbischof für die Deutschen. Er missionierte in Bayern, Hessen und Thüringen.

Schließlich war er Erzbischof in Mainz. Als Greis zog er noch einmal mit fünfzig Mönchen zu den wilden Friesen, die noch nicht christianisiert waren. Am 5. Juni 754 wurde er bei Dokkum mit seinen Glaubensbrüdern von den Friesen erschlagen. Er liegt in der Krypta des Doms zu Fulda begraben.

Unsere romanischen Kirchen sind, neben den wunderbaren Zeugnissen aus dem Leben und Wirken Christi, erfüllt von dämonischen Zeichen und Symbolen, seltsamen, angsteinflößenden Köpfen und Gestalten, heiligen Zeichen, Pentagrammen und ineinandergeschlungenen Knoten. Beides lebt nebeneinander. Die wunderbaren, märchenhaften Erlebnisse und Visionen der Irländer zeugen von einer unbändigen Lebens- und Fabulierlust und von tiefsitzender Angst, von der sie geschüttelt waren. Eigentlich müßte man sagen, es sei die Angst vor der Angst. Denn im Augenblick, da man vor der wirklichen oder vermeintlichen Angst steht, stellt man sich ihr. Wir haben es selbst unzählige Male erlebt. Wir lebten in Angst vor irgendwelchen schrecklichen Ereignissen oder Katastrophen, sie schnürte uns die Kehle zu und raubte uns den Schlaf. Aber im Moment, als das Ereignis endlich auf uns zukam, packten wir es bei den Hörnern und stellten uns ihm mit dem Mut der Verzweiflung entgegen.

Ich kannte als Student in Bonn eine reizende alte Dame, Baronin Fürstenberg. Sie hatte eine schöne große Wohnung. Seit ihrer Kindheit hatte sie Angst vor Einbrechern. Sie verriegelte abends die Türen, und da sie nicht sicher war, ob sie es auch wirklich getan habe, kontrollierte sie sie nocheinmal. Dann schaute sie vor dem Schlafengehen unter die Betten und Sofas. Und eines Abends lag wirklich ein Mann unter ihrem

Bett. Resolut packte sie ihn am Ärmel und zog ihn hervor. Dann ergoß sich über den Dieb ein Strom von Vorwürfen. Schließlich, als die Spannung nachgelassen hatte, mußte sie lachen. Der Einbrecher lachte mit. Sie drohte zwar, ihn der Polizei zu melden, aber sie gab ihm drei Mark und schob ihn zur Tür hinaus mit der Ermahnung, nie wieder zu kommen. Sie erzählte die Geschichte mit großem Humor. Sie sei derart perplex gewesen, als sie den Mann dort sah, daß sie ausrief: »Da sind Sie ja endlich!«

Im Grunde genommen ist es nicht die Angst vor etwas, es ist vielmehr eine Angst in einem selbst, die tief im Herzen sitzt, eine Angst vor sich selbst. Man projiziert seine Minderwertigkeitsgefühle auf andere, man glaubt, daß die Examinanten böse und übelwollende Menschen seien. Das gleiche denkt man von seinen Nachbarn, Mitarbeitern und Vorgesetzten, und den Lehrern. Man zieht sich gekränkt in sich zurück und fängt an, den anderen ungute Charaktereigenschaften anzudichten und sie zu hassen. Und schließlich haßt der eine den anderen.

Ich habe als Junge manche meiner Lehrer bitter gehaßt, weil ich fand, daß sie gräßlich und ungerecht zu mir waren. Und wirklich, sie hatten bei jeder Gelegenheit etwas an mir auszusetzen. Sie wurden schlecht bezahlt, hatten eine große Familie, waren nicht glücklich und vom Leben enttäuscht. Sie sahen, daß meine Schwester Wera und ich von unserem Kutscher Aleksandr zur Schule gebracht wurden, und sie hielten uns für stolz, überheblich, hochmütig, arrogant und rächten sich an uns. Wir hatten keine Waffen gegen sie als die üblichen Unarten, das Beschießen aus dem Katapult oder andere Albernheiten; natürlich wurden wir immer entdeckt und sogleich bestraft. Wir konnten uns nicht wehren. Das einzige, was mir als Entschädigung blieb, war meine Phantasie; ich stellte mir vor, ich sei der oberste der Teufel und würde den Lehrer mit ungeheurem Genuß und mit pedantischer Umsicht in einem großen Kessel in Öl sieden. Aber es mußte ganz langsam geschehen, damit er alle Qualen erleide. Daß solch intensive ungute Gedanken nicht ohne Folgen blieben, kann man sich denken. Er fühlte den Haß und erwiderte ihn.

Und dann geschah es, daß ich, auf der Rückfahrt von der Schule nach Girejewo, den Lehrer im Abteil sitzen sah. Ich wollte mich schleunigst davon machen, aber er erkannte mich, und es blieb ihm wohl nichts anderes übrig, als mir einen Platz anzubieten. Er fragte mich, warum ich mit dem Zug fahre, ich würde doch sonst mit dem Wagen abgeholt. Ich antwortete ihm, daß unser Pferd lahmte und die Hufe erst ausheilen müßten. Er erzählte, daß er seine Frau besuchen gehe, die sich bei Freunden auf einer Datscha ausruhe, sie sei schwach auf der Lunge und bedürfe der Erholung. Ich meinte, wenn ich das gewußt hätte, hätte Mama seine Frau sehr gerne eingeladen, wir hätten Platz genug. Es kam zum erstenmal zu einem vertrauten Gespräch. Er war ein stiller, etwas trauriger und sicher überforderter Mann, und gewiß fand er, daß ich gar nicht so hochmütig sei, wie er geglaubt hatte. Aller Haß fiel von uns ab. Später lud Mama sie beide für einige Zeit zu uns ein, und sie kamen, und alle Ressentiments waren wie weggeblasen.

Als ich Mama von meinem Haß gegen den Mann erzählte, sah sie mich lange schweigend an. »Jeder von euch hatte Angst vor dem anderen, und wenn man

Angst hat, fühlt man sich bedroht und begibt sich in Abwehrstellung. Immer ist es der Mangel an Bereitschaft, den anderen anzuerkennen und zu lieben. Da wo Liebe ist, gibt es keine Angst. Vor der Liebe verschwindet sie wie Rauch. Die Menschen sind nicht viel anders als die Hunde. Aus Mißtrauen stellen sie sich in Abwehrstellung, knurren und fletschen die Zähne. Und manchmal wedeln sie sogar mit dem Schwanz, um anzudeuten, daß sie zu einem Waffenstillstand bereit seien. Geh einem Menschen mit offenem Visier und einem Lächeln und offenem Herzen entgegen, und du wirst ihn besiegen. Aber in der Sekunde, da du dein Visier herunterläßt, schlägt seines automatisch zu.«

Ich hielt neulich einen Vortrag in Frankfurt. Am Schluß kommen jeweils viele Menschen zu mir, um mit mir einige Worte zu wechseln oder Bücher signieren zu lassen. Da kam eine Dame und legte mir ein Couvert auf das Pult. Etwas Schweres war darin. Ich nahm es mit und öffnete es erst im Hotel. Ich hielt einen unscheinbaren Stein von der Größe einer Aprikose in den Händen. Da sah ich, daß der Stein in der Mitte durchgesägt war. Er erwies sich als eine Druse, er war innen hohl, die Wände waren mit unzähligen kleinen, wie Diamanten glitzernden Kristallen besetzt. Es war wie ein Märchen von Aladin im Sesamberg. Man öffnete und befand sich in einem Märchenland. Ich konnte mich von dem Anblick der schillernden Höhle nicht losreißen. Dann fiel mir das Erlebnis mit jenem Lehrer ein. Was wissen wir von den Menschen, denen wir begegnen? Wir lassen uns von ihrer Gestalt, ihrem unvorteilhaften Äußeren, oder von Gerüchten, die wir über sie gehört haben, beeinflussen. Wir fühlen eine Antipathie und mühen uns gar nicht, unsere vorge-

faßte Meinung zu revidieren. Die äußere Schale mag
unattraktiv sein. Aber wer will uns sagen, ob sich nicht
im Innern ein herrlicher Kristall verbirgt? Die Druse
mag uns ein Gleichnis sein.

In die Zeit des Frühlings fallen drei metaphysische
Feste in rhythmischer Folge: Ostern, die Zeit des Leidens, des Todes und der Auferstehung des Heilands,
Himmelfahrt und Pfingsten. Himmelfahrt ereignet sich
vierzig, genauer neununddreißig Tage nach der Auferstehung. Vierzig Tage wandelt noch der auferstandene
Herr auf der Erde und erscheint einige Male seinen
Jüngern. Immer ist der Schleier des Geheimnisses und
des Unerkanntwerdens um ihn. Sie erraten vielmehr
seine Gegenwart, sie erraten sie mit ihrem Herzen.
Eine letzte Predigt auf dem Berge, und er wird von
ihnen genommen in einer Wolke. Markus schildert es
fast verlegen: »Und der Herr, nachdem er mit ihnen
geredet hatte, ward aufgehoben gen Himmel und sitzet
zur rechten Hand Gottes. Sie aber gingen hinaus und
predigten an allen Orten; und der Herr wirkte mit
ihnen und bekräftigte das Wort durch mitfolgende
Zeichen.«

Ebenso dürftig berichtet Lukas: »Er führte sie aber
hinaus bis gen Bethanien und hob die Hände auf und
segnete sie. Und es geschah, da er sie segnete, schied er
von ihnen und fuhr auf gen Himmel. Sie aber beteten
ihn an und kehrten wieder gen Jerusalem mit großer
Freude und waren allewege im Tempel, priesen und
lobten Gott.«

In der Apostelgeschichte schildert Lukas den Hergang etwas ausführlicher: »Und da er solches gesagt,
ward er aufgehoben zusehends, und eine Wolke nahm

ihn auf vor ihren Augen weg. Und als sie ihm nachsahen, wie er gen Himmel fuhr, siehe, da standen bei ihnen zwei Männer in weißen Kleidern, welche sagten: Ihr Männer von Galiläa, was stehet ihr und sehet gen Himmel? Dieser Jesus, welcher von euch ist aufgenommen gen Himmel, wird kommen, wie ihr ihn gesehen habt gen Himmel fahren ...«

Paulus schreibt im Brief an die Epheser (2,4–6): »Gott hat uns mitbelebt in Christus und mit auferweckt und mit Christus Jesus mitversetzt in den Himmel.« Wir sind durch seine Himmelfahrt des Himmels teilhaftig geworden. Mit diesem metaphysischen Akt wird uns kundgetan, daß wir nicht nur Kinder der Erde, sondern auch Kinder des Himmels sind. Es ist ein wahres Fest der Transzendenz.

Merkwürdig ist, wie gerade dieses Fest an manchen Orten korrumpiert wird. In Berlin und an manchen anderen Orten ist es seit alters her ein Fest der unterdrückten Ehemänner: der einzige Tag ihrer Emanzipation. Sie befreien sich von dem Druck des Matriarchats und feiern den Tag in teutonisch dionysischer Weise. Im Endeffekt lassen sie sich mit süßem Wein oder Bier vollaufen und liegen als Besiegte ihres Freiheitsdranges an den Rändern der Straßen. Überall wimmelt es wie zur Karnevalszeit von verkleideten Männern – bevorzugt werden Damenkleider oder alberne Angebinde –, sie schieben einen Kinderwagen, sie singen zur Laute oder zur Ziehharmonika und fühlen sich frei. Aber wie immer wissen sie mit dieser Freiheit von zwölf Stunden nichts anzufangen und ertränken sie in Alkohol.

Inzwischen haben seit einigen Jahren die lieben Frauen ihre zarten, aber festen Händchen auf diese mann-männlichen Freiheitsdränge gelegt, und nun ist es ein Tag, an dem die Familien Ausflüge ins Grüne veranstalten.

Zehn Tage später, neunundvierzig Tage nach der Auferstehung, findet das dritte metaphysische Fest der Christen statt, das Pfingstfest: der Name hat sich aus dem griechischen Wort Pentekoste, der fünfzigste, gebildet. Früher wurde »die große Mutter« gefeiert, es wurden Maibäume oder Stelen oder Pinien vor den Tempeln aufgerichtet. Der Stein der Großen Mutter war 205 vor Chr. aus Kleinasien nach Rom gebracht und auf dem Palatin aufgestellt worden. Zum Frühlingsanfang wurde ein Pinienbaum gegenüber dem Stein aufgerichtet, der ihren Geliebten Adonis, den Frühlingsgott, verkörperte. Diese Sitte bestand noch bis 392 nach Chr.

381 nach Chr. wurde der Heilige Geist dogmatisiert. Er entspricht dem indischen Begriff des »Atman« und dem »Hagion pneuma« der Griechen. Im Evangelium des Johannes wird er als »erhöhter Christus« angesprochen.

In der Apostelgeschichte wird das Ereignis folgendermaßen beschrieben: »Und als der Tag der Pfingsten erfüllt war, waren sie alle einmütig beieinander. Und es geschah schnell ein Brausen vom Himmel wie eines gewaltigen Windes und erfüllte das ganze Haus, da sie saßen. Und es erschienen ihnen Zungen, zerteilt wie von Feuer, und er setzte sich auf einen jeglichen unter ihnen. Und sie wurden alle voll des Heiligen Geistes, und fingen an zu predigen mit anderen Zungen, nach dem der Geist ihnen gab auszusprechen.

Es waren aber Juden zu Jerusalem wohnend, die waren gottesfürchtige Männer aus allerlei Volk, das unter dem Himmel ist. Da nun diese Stimme geschah, kam die Menge zusammen und wurde bestürzt; denn es hörte ein jeglicher, daß sie mit seiner Sprache redeten.«

Erst diese Begnadung mit dem Feuer des Heiligen Geistes vollzog die Wandlung von Jüngern zu Aposteln, zu Lehrern und Eingeweihten. Von da an waren sie berechtigt, im Namen Jesu zu predigen, zu heilen und Sünden zu vergeben. Im alten jüdischen Brauch war Pfingsten ein Erntedankfest, die Getreideernte wurde eingebracht, und es wurde die Verkündung des Gesetzes vom Sinai durch Moses an das Volk Israel, an das erwählte Volk Gottes gefeiert.

Welche Spanne von der Verkündung des Gesetzes zur Geistbegabung der Jünger und Schüler, der Spiritualisation durch den Heiligen Geist! Das Fest hat aber auch noch einen anderen Aspekt. In Rußland wird es schlicht »Troitza«, Dreifaltigkeit genannt. Gemeint ist hier die mystische Vereinigung von drei Göttern zu einem Gott, bei uns Gott Vater, Gott Sohn und Gott Heiliger Geist. Dieser Dreifaltigkeit begegnen wir in fast allen Religionen. Im indischen Raum sind es die Trimurti, die Götter Brahma, Vishnu und Shiva, die dreiköpfig dargestellt werden. (Es gibt auch seltsame mystische Bilder der christlichen Dreifaltigkeit mit drei Köpfen.) In Ägypten waren es Osiris, Isis und Horus, bei den Kelten Teutates, Esus und Taranis, bei den Germanen Odin, Thor und Ziu (Tyr), die Slaven verehrten den Gott Triglav – Dreikopf. Der keltische Gott Cernunnos, der in Buddhahaltung sitzt, hat drei Köpfe, und drei Körper hat der erste legendäre König von Spanien, Geryon. Bei den frühen Griechen waren es Zeus, Poseidon und Hades. Bei den Assyro-Babyloniern gab es zwei Triaden: Anu, Enlil und Ea, und Sin, Schamasch und Ischtar.

Auffallend ist, daß in der slavischen Ikonographie die Darstellung der Entzündung des Heiligen Geistes über den Häuptern Marias und der Apostel verhältnismäßig selten anzutreffen ist. Die Wesenheit des Heiligen Geistes wird in der Dreifaltigkeit dargestellt, und das sind die drei Männer oder Engel, die abends in der Oase zu dem Urvater Abraham kommen. Sie sprechen mit ihm, aber meistens sagen sie »ich«, obwohl es unbestreitbar drei sind. Diese Darstellung symbolisiert in der östlichen Kirche den Heiligen Geist.

Es ist ein fröhliches, geistiges Fest. Die Natur ist voll erblüht, es werden junge Birkenbäumchen geschnitten und vor den Haustüren aufgestellt, in den Dörfern Rußlands tanzen die jungen Leute in bunten Kleidern Ringeltänze, sie spielen und singen dazu.

Die Welt des Todes, des Hades und Scheol, die im dunklen Monat November herrscht, wird von Ostern bis Pfingsten abgelöst von der lichten, strahlenden, versöhnenden Welt der Auferstehung, der Himmelfahrt und der Entzündung des Heiligen Geistes, an denen jeder Christ teilhat.

Dann kommt am 24. Juni die Teilung des Jahres. Die Hier-Welt weicht der Anderwelt. Es ist der Tag der Geburt des Vetters Jesu, des Propheten Johannes des Täufers. Er ist der Verkünder des »Reiches Gottes«. »Tut Buße (Metanoite – denket um), das Himmelreich ist nahe herangekommen!« ... »Ich taufe euch mit Wasser zur Buße; der aber nach mir kommt, der wird euch mit dem Heiligen Geist und mit Feuer taufen!« Es ist der Tag, an dem Johannes Jesum mit Wasser aus dem Jordanfluß tauft, der Heilige Geist aus dem

Himmel in Gestalt einer Taube herabfliegt und Jesus als Sohn Gottes ankündigt. Von dem Tage an beginnt Jesus die Jünger um sich zu sammeln und dem Volk zu predigen: »Die Zeit ist erfüllt und das Reich Gottes ist herbeigekommen. Tut Buße und glaubt an das Evangelium!«

Befragt über Jesus sagt Johannes: »Wer die Braut hat, der ist der Bräutigam; der Freund aber des Bräutigams steht und hört ihn und freut sich hoch über des Bräutigams Stimme. Diese meine Freude ist nun erfüllt. Er muß wachsen, ich aber muß abnehmen.«

Der Heilige Augustinus schreibt: »Heute, von wo an die Tage abnehmen, ist Johannes der Täufer geboren, damit der Mensch erniedrigt werde; an dem Tage, wo die Sonne wieder zunimmt (24. Dezember), ist Christus geboren, damit er erhöht werde.«

Hier in der Sonnengleiche ist die Zäsur zwischen der alten mosaischen Welt und der frohen Botschaft Christi. Das ist der Schnittpunkt, die Hier-Welt wird überhöht von der Anderwelt.

Im Volk aber leben die alten Sitten, die es mit den Göttern und Dämonen verbinden. In den zwölf heiligen Nächten sind es die wilden losgelassenen Gefährten Odins, die durch die verschneiten Felder rasen. Zu Johanni werden am Mittag und des Nachts manche geheimnisvollen Heilpflanzen geschnitten. In fast allen Ländern werden Feuer angezündet, die Menschen tanzen bekränzt mit bunten Blumen um das Feuer herum. An diesem Tage hatte ich als Junge zwei Angsterlebnisse.

Meine Njanja war eine homerische Persönlichkeit, sie hätte als Gefährtin des Odysseus gut und gerne in jene Zeit hineingepaßt; sie war auf du und du mit den

Haus-, Wald-, Feld-, Baum- und Flußgeistern, sie kannte alle Gewächse und ihre Wirkungen und alle Beschwörungsformeln gegen Dämonen und gegen Krankheiten. Von ihr wußte ich das Geheimnis der blauen Blume, der Blume der Romantik. Nur am 24. Juni, um Mitternacht, konnte man sie sehen und einfangen. Man mußte tief in den Wald gehen, mit einem in Weihwasser getauchten Stab um ein Farnkraut einen magischen Ring ziehen, sich in den Ring neben das Farnkraut stellen, und dann kommt beim Mitternachtsglockengeläut von oben eine leuchtende blaue Blume und senkt sich auf das Farnkraut. Im gleichen Augenblick muß man sie behutsam mit beiden Händen ergreifen und verschlucken. Dann hat man die Gabe, unsichtbar zu werden, wenn man will, und besitzt viele heilende und magische Kräfte und das Hellsehen.

Ich war begierig, dieser Pflanze teilhaftig zu werden. Ich vertraute mich der Njanja an. Ich erwartete Schelte und Widerstand, aber nichts dergleichen geschah. Sie fragte nur, ob ich nicht Angst hätte. Ich meinte: »nein«. Dann belehrte sie mich, daß ich es unter keinen Umständen wagen dürfe, aus dem magischen Kreis herauszutreten, bevor der letzte Glockenton verhallt sei. Sonst würden die Dämonen, die umherstünden, mich in Stücke reißen. Auf alle Fälle aber müßte ich das Farnkraut ausgraben, denn sie brauche es dringend als Mittel gegen Rheuma.

Ich weiß nicht, ob meine Mama und mein Vater Sascha von meinem Vorhaben etwas erfuhren. Sie schauten mich merkwürdig an, als ich mich abends verabschiedete.

Ich hatte alles vorbereitet. Am Tage war ich in den Wald gegangen und hatte mir in einer kleinen Lichtung einen großen Farnbusch ausgesucht. Ich nahm den geweihten Stock und eine kleine Schaufel mit. Die Nacht war dunkel. Die Furcht begann mich zu überfallen, bereits als ich in den Wald eintrat. Man sah fast nichts. Ganz allmählich konnte ich die Konturen der großen Baumstämme erkennen. Manchmal leuchtete etwas weißes auf, es waren trockene verrottete Holzstücke, die phosphoreszierten; obwohl sie leuchteten, waren sie schreckerzeugend. Der Wald war voller Geräusche, die ich nicht deuten konnte. Das schreckliche Schreien der Eulen griff mir ans Herz. Es raschelte um mich her. Es konnte ein Hirsch oder ein Wildschwein sein oder, Gott bewahre, ein Wolf oder ein Luchs. Aber konnten es nicht auch der Leschii, der Waldgeist sein oder die bösartige listige Kikimóra? Ich versuchte so leise aufzutreten, wie ich nur konnte; aber ich übersah Wurzeln, die meinen Fuß hemmten; natürlich dachte ich, daß irgendein dämonisches Wesen mich am Fußgelenk fasse. Mein Herz klopfte bis zum Hals, der Kopf glühte. Ich fürchtete, daß die Tiere und die Geister ringsum mein Herzklopfen mithören könnten. Schließlich gelangte ich zu dem Farnkraut. Mit der kleinen Schaufel kratzte ich das Gras um das Kraut herum weg, dann machte ich mit dem geweihten Stock einen größeren Kreis und stellte mich hinein. Nun konnte mir nichst mehr passieren. Ich begann, das Farnkraut auszugraben, so weit, daß ich es um Mitternacht leicht ausreißen konnte. Die Wurzeln reichten tief in die Erde. Dann wartete ich auf Mitternacht; das war die schrecklichste Zeit, sie ging überhaupt nicht vorbei. Die Geräusche wurden intensiver, ich hatte das Gefühl, als ob ungezählte Dämonen oder Tiere um den Kreis herumständen und nur darauf warteten, mich zu greifen und zu zerreißen. Ein gräßlicher, mir bisher unbekannter Ton war ganz in meiner Nähe, er wiederholte sich. Schließlich wurde mir klar, daß es mein Magen war, der knurrte. Jemand atmete laut an meinem Ohr. Es war mein eigener schneller und aufgeregter Atem, aber alle diese Laute hörte ich nicht in mir, sondern außer mir. Ich war am Ende meiner Kräfte und hatte nur das eine Verlangen, aus dem magischen Kreis auszubrechen und nachhause zu laufen. Doch ein kleiner Rest an Vernunft hielt mich zurück. Schließlich hörte ich von weitem das Geläute der Kirchenglocken, zuerst ganz leise, dann immer lauter werdend. Ich spannte alle meine Sinne an, denn jetzt mußte die leuchtend blaue Blume aus dem Himmel herunterschweben. Statt dessen hörte ich ein aufgeregtes Flügelschlagen, es war eine große Eule, die ganz niedrig über meinem Kopf vorüberflog, ich fühlte den Wind, den die Schwingen verursachten. Ich glaubte vor Angst wahnsinnig zu werden. Meine Knie wurden weich, sie hatten keine Kraft, mich zu halten. Ich riß mich nochmals zusammen, um nicht aus dem Kreis zu fallen. Die blaue Blume sah ich nicht. Vielleicht kam sie nicht zu jenem Farn, oder ich war durch den Flug der Eule abgelenkt worden und hatte sie verpaßt.

Endlich hörte das Glockengeläute auf, nun durfte ich aus dem magischen Kreis heraustreten. Ich riß heftig am Farnkraut und es gelang mir, es auszureißen; von der Wucht des Ziehens fiel ich zur Erde, aber ich hielt das Kraut fest. Der Rückweg schien endlos. Ich spürte, daß die Dämonen hinter mir her waren, ich hörte es flüstern und einmal eine häßliche Lache, die sicher von der Kikimóra kam. Einmal verfing ich mich in einer Wurzel und fiel hin. Nun war ich sicher, daß mich jemand festhielt, daß ich mir den Knöchel gebrochen hätte und von den unbekannten Wesen zerrissen werde. Wie ich da lag, reglos und von Angst gelähmt, fiel mir ein, daß ich ein Christ sei. Das war ein errettender Gedanke. Ich hatte doch das Kreuz auf meiner Brust! Ich griff danach und betete laut: »Herr Jesus Christus, erbarme dich meiner!« Das betete ich nun fortan ohne Pause. Und es war mir, als ob die unheimlichen, unsichtbaren Gestalten sich immer weiter von mir entfernten. Ich stand mühsam auf, der Knöchel war nicht gebrochen. Ich konnte weiterhumpeln, die Angst war von mir gewichen. Mit Christus als Begleiter und Beschützer konnte mir nun nichts mehr passieren.

Warum habe ich nicht schon vorher an Christus gedacht? fragte ich mich. Da gab ich mir zur Antwort, das ganze Vorhaben sei nicht christlich, es stamme noch aus der vorchristlichen, heidnischen, dämonischen Zeit, es sei ein Rückfall in mythische Zeiten. In der Helligkeit der Lehre Christi hätte ich keiner blauen Blume bedurft. Seltsamerweise habe ich trotzdem meine Tat nicht bereut. Der Wunsch nach diesem Erlebnis, nach der Teilnahme an der blauen Blume war stärker als mein Tagesbewußtsein. Im Augenblick der allergrößten Angst war es aber ein instinktives Zurückfinden zur Welt Christi, zum Licht.

Im Haus waren die Eltern und Njanja noch wach. Ich reichte Njanja wortlos den Farn, sie nahm ihn ebenso wortlos entgegen. Sie fragte nicht. Ich begriff, daß sie mich verstand und nicht in mich dringen wollte. Ich begriff auch, daß Sascha und Mama von meinem Unternehmen wußten oder es ahnten, daß sie mir die Chance geben wollten, meinen Mut vor mir selbst zu beweisen und daß sie wußten, daß es ein Abstieg zu den »Müttern« war, zu der »Weisen Frau« der Kelten.

Aber die Nacht war noch nicht zu Ende. In Staroje Girejewo brannten große Feuer und das junge Volk tanzte darum herum, und dann zeigten manche ihren Mut und sprangen über die Flamme. Ich ging hin, um am Fest teilzunehmen und meine Kameraden zu treffen. Gerade sah ich, wie mein Vetter Aljoscha einen Anlauf nahm und in hohem Bogen über das Feuer sprang. Ich hatte nicht den Mut dazu. Mein Knöchel schmerzte und ich war noch erschöpft vom Angsterlebnis. Ich hatte Angst, ins Feuer zu fallen. Da kam Aljoscha zu mir und fragte, ob ich mit ihm springen würde. Er faßte mich an der Hand, und wir liefen beide los. Sein Händedruck verlieh mir eine ungeahnte Kraft, so daß ich angstlos den Sprung wagte und heil am anderen Ende des Feuers ankam. Diese Überwindung der Angst, die ich nicht mir, sondern meinem Freund verdankte, bereitete mir so viel Freude, daß ich nun immer wieder über das Feuer sprang. Da wurde mir bewußt, daß es sicherlich in Gemeinschaft eine kollektive Angst geben kann, daß aber andererseits das Gefühl der Angst schwindet, wenn man glaubt, von einem Stärkeren beschützt zu sein, oder gar, wenn man einen Schwächeren beschützen will.

JULI · BEGINN DER ERNTE

Die Sonne steht hoch am Himmel und die Abende beginnen wieder kürzer zu werden. Das Korn reift, das Gras auf den Wiesen ist abgemäht. Die jungen Vögel fliegen unsicher um ihre Nester herum. Die Bauern sind während der größten Zeit des Tages auf den Feldern. Die Urlauber tummeln sich an den Stränden der Ozeane oder durchwandern die Berge. Ein großes Reisen geht durch die Welt. Manche lernen fremde Landschaften, fremde Menschen und ihre Sitten kennen. Manche reisen, um sich zu zeigen, und senden aus fernen Orten Postkarten. Einige bleiben auch in der Fremde so einsam, wie sie zuhause waren, weil es ihnen an Interesse an anderen und an Liebe gebricht. Sie kehren enttäuscht heim, weil sie auch dort das nicht gefunden haben, was sie suchten. Sie werden nie finden, was sie suchen, weil sie Phantasten und Träumer sind; sie träumen von dem wunderbaren Prinzen, der sie, das schlafende Dornröschen, zum Leben erweckt. Es gibt sehr viele Dornröschen, aber es gibt kaum noch solch ritterliche Prinzen, und so sind sie unerlöst zu ewigem Schlaf in ihrem gläsernen Sarg verurteilt. Sie wollen in ihrer Eingeschlossenheit nicht begreifen, daß sie allein es sind, die sich zu erwecken vermögen: wenn sie aufhören zu warten, wenn sie den ersten Kontakt aufnehmen, das erste Lächeln aus ihrem Visier herauslassen, das erste freundliche Wort an einen anderen Menschen richten, ihn nach seinem Befinden fragen, ihn zuerst grüßen, ihn als ein ebenso liebenswertes Geschöpf erfahren wie sich selbst. Nur aus diesem Antrieb kann sich eine Wandlung vollziehen. Aber die Verhärtung des eigenen Ichs, die Selbstsucht und die Geltungssucht sind bei sehr vielen Menschen derart hypertrophisch entwickelt und die Liebesfähigkeit ist so gering, daß sie aus diesem selbstgeschmiedeten Panzer nicht heraus können. Ein Herz aber, das in einen Panzer eingezwängt ist, hat naturgemäß Angst, es ist beengt.

Jeder von uns kennt dieses Gefühl der Angst, das uns lange Strecken unseres Lebens begleiten kann. Ich war als Kind und Junge von Ängsten geschüttelt. Sie kamen aus dem Gefühl der Entsicherung. Ich glaubte mich fremd im eigenen Haus. Da mein Stiefvater Karluscha ein sehr jähzorniger und unbeherrschter Mensch war, der bei jeder kleinen Gelegenheit explodierte, glaubte ich allen Ernstes, daß ich ein untergeschobenes Kind sei – solche Geschichten wurden uns Kindern oft erzählt. Ich hatte Angst vor den ungerechten und lieblosen Lehrern, die ich zum Teil bitterlich haßte. Bis zu meinem siebzehnten Jahr war meine Jugend vergiftet durch die Angst vor Karluscha: eine dumme Angst, wie ich später erfuhr. Der Unterlegene hat immer Angst. Dabei hatte ich lebendige Beispiele der Angstlosigkeit vor Augen. Es waren drei Personen in Girejewo, im Weißen Haus, von denen ich wußte, daß sie keine Angst hatten. Zwei dieser Personen hätten ebensogut im archaischen Griechenland, in Mykene oder auf Kreta leben können.

Unser Kutscher Aleksandr war ein Recke; wenn die Nachbarn von ihm sprachen, verglichen sie ihn mit dem Hünen aus der Zeit des Heiligen Wladímir, mit Dobrýnja Nikítitsch. Er war wohlgebaut, schön von Antlitz und hatte die breitesten Schultern von der Welt. Entweder konnte man Angst vor ihm haben, oder man fühlte sich durch ihn beschützt. Er hatte einen heiteren, ausgeglichenen Charakter, war handwerklich geschickt und allen Menschen gefällig. Mit Pferden ging er um wie mit Freunden. Er sprach sanft und leise mit ihnen, nie schrie er sie an oder gebrauchte die Peitsche, sie folgten ihm aufs leiseste Wort. Er war ein einfacher Bauernsohn aus dem Kreise unserer früheren Leibeigenen. Es war nichts Unterwürfiges an ihm. Er begegnete den Fürsten und Großfürsten und den Bauern mit gleicher Freundlichkeit. Er lebte ohne Angst.

Ebenfalls ohne Angst lebte unsere Njanja. In ihr trafen sich zwei Welten, die alte heidnische Welt der Götter und Dämonen und die Inbrunst des Christentums. Sie war wirklich Christin. Sie versäumte an Feiertagen keinen Gottesdienst, sie ging zur Beichte und Kommunion, sie fastete, sie gab Almosen, und kein Armer oder Elender ging von unserer Tür, ohne genährt und bekleidet zu werden. Aber ebenso war sie auf du und du mit dem Domowói, der Kikimóra, dem Leschii, den Kárliki. Ich hörte oft, wie sie sich mit ihnen unterhielt. Ich habe sie nie in Angst gesehen. Weder in der Revolution vor dem Soldatenrat, der ins Haus kam, um zu plündern, noch vor den Rotarmisten. Wenn sie sich im Recht glaubte, kanzelte sie die Ärzte ab, die gerufen wurden, um uns zu behandeln, oder die Großfürstin Elisabeth, die als Deutsche manches Absonderliche in unserer Lebensart nicht begriff. Und sie hatte keine Angst vor Karluscha; wenn er sich in seiner Wut zu sehr erregte, trat sie in ihrer ganzen imposanten Körperfülle vor ihn und brüllte ihn an, noch lauter, als er brüllte. Er wurde blaß und verzog sich sofort. Daran merkte ich, daß er feige war. Aber ich selbst hatte nicht den Mut, ihm mit meiner schmächtigen kleinen Person entgegenzutreten.

Meine Mutter Jadwiga lebte ohne Angst. Sie war eine zarte, schmächtige Person, zerbrechlich und scheu trotz ihrer ungeheuren Beliebtheit und Autorität. Sie war vollkommen beherrscht. Man sah sie niemals erregt oder mißvergnügt, und sie sagte keinem Menschen ein böses oder ungehaltenes Wort. Wenn Aleksandrs Selbstsicherheit aus seiner Konstitution kam und Njanjas aus ihrer Verwurzelung in der mythischen und der himmlischen Anderwelt, bezog Jadwiga ihre Sicherheit aus dem Christentum. Sie war tief verwurzelt im christlichen Kult, aber es fehlte ihr jede Einseitigkeit, jeder Fanatismus. Sie beschäftigte sich damals schon mit den anderen Religionen und verehrte sie, und immer da, wo sie religiöser Intoleranz begegnete, trat sie ihr mutig entgegen. Christus, der Heiland, war ihr gegenwärtig; in allen Begegnungen fragte sie sich insgeheim, ob er es sei, mit dem sie gerade spreche, und sie suchte ihr Verhalten und ihre Handlungen nach seinem Beispiel zu richten. Wenn ich sie fragte, was ich tun, wie ich mich verhalten sollte, sagte sie mir: »Denk nach, was Christus in einer ähnlichen Situation getan oder gesagt haben würde, und habe nie Angst, einem Menschen die Wahrheit zu sagen, wenn du davon überzeugt bist, daß sie ihm von Nutzen ist.« Trotz allem Reichtum und Überfluß, in dem sie lebte, war sie völlig frei von Besitzeslust. Sie liebte die schönen Dinge und freute sich an ihnen, aber sie hing ihr Herz nicht an sie, und als die Zeit kam, da uns alles genommen wurde, blieb sie gleichmütig und unbeschwert heiter. Dieses lebendige Beispiel hat uns drei Geschwister, Wera, Passenka und mich, tief beeindruckt und geformt und hat uns frei gemacht von der Dämonie des Besitzes und von der Gier nach Besitz, der im Abendland fast alle Menschen krank, angstvoll und neurotisch macht.

Von meinem Vater Sascha, der erst in meinem zwölften Jahr in mein Leben trat, würde ich auch glauben, daß er angstlos lebte. Allerdings war sein Verhalten komplex. Er war ein großer und sehr schöner Mann, von Kopf bis Fuß ein Fürst; von Heinrich dem Löwen und den Rurikiden und von manchen byzantinischen Kaisern abstammend, war er sehr familienbewußt und stolz. Er fühlte sich getragen von seinen Ahnen und von ihrer Würde. Wie viele Moskauer Aristokraten aus dem Rurikidenstamm brachte er es nicht über sich, den Zaren mit »Majestät« anzureden. Zum größten Mißfallen der Zarin, die als Deutsche die russischen Gepflogenheiten nicht kannte, nannte er ihn »Nikolai Aleksandrowitsch«. Er war außerordentlich scheu und verletzlich und hatte einen Panzer um sich gebaut. Er war ein absolut aufrechter, gerechter und wahrheitsliebender Mensch. Als Mitglied der geheimen Rosenkreuzer-Bruderschaft, die damals in jedem Land nur 21 Brüder zählte, war er in die alten Mysterien der Religionen und der mystischen und alchymischen Wissenschaften eingeweiht. Er war nicht eigentlich gütig und liebend, sehr zurückhaltend und äußerst wählerisch im Verkehr mit Freunden. Die Menschen hatten Scheu vor ihm. Ich habe ihn nie in einer Situation der Angst erlebt, und ich glaube, daß seine entschiedene Haltung gegenüber allen Situationen des Lebens ihn vor Angst bewahrte. In seiner Gegenwart fühlte ich mich beschützt und sicher.

Meine panische Angst vor Karluscha verlor ich erst sehr spät. Seine Gegenwart verunsicherte mich dermaßen, daß ich blaß wurde, schwitzte, weiche Knie bekam und es mir die Stimme verschlug. Ich hatte früh genug erfahren, daß er in bestimmten Situationen feige war und daß er mit seinen Aggressionen nie Menschen angriff, die größer oder reicher waren als er. Bei einer Gelegenheit verlor ich meine Angst vor ihm. Es war bereits in Deutschland. Mein kleiner Bruder Passenka hatte irgendetwas pexiert, irgendeinen Jugendstreich gemacht. Klatschbasen trugen es Karluscha zu. Beim Essen geriet er derart in Rage, daß er Passenka, der nichts ahnte, zumal der Streich schon einige Zeit zurücklag, anbrüllte und ihm eine so heftige Ohrfeige verpaßte, daß der Junge aus der Nase blutete und er vor Schreck oder Schock ohnmächtig wurde. Das brachte Wera und mich zum Überkochen. Wir schrien ihn beide an, dann brachten wir Passenka in sein Zimmer. Karluscha saß da wie ein Delinquent. Ganz kleinlaut fragte er, wie es Passenka gehe und ob er es wagen dürfe, zu ihm zu gehen. Wir verwehrten es ihm und verlangten, daß er sich bei dem Jungen entschuldige. Ein solches Verhalten sei brutal und absolut unentschuldbar. Er war völlig zerknirscht und tat uns zum erstenmal leid. Diese neue Situation gab uns Mut, und wir wagten ihm zu sagen, daß er uns unsere ganze Jugend mit seinem Jähzorn und seinen Aggressionen verdorben habe. Er fiel aus allen Wolken, er hatte geglaubt, er sei ein gerechter Vater gewesen, er habe uns doch alles gegeben, was wir brauchten und noch mehr, und er habe uns nie geschlagen, während er bei den kleinsten Vergehen von seinem Vater beinahe zu Tode geprügelt worden sei. Das bißchen Aufregung und Geschimpfe sei doch gar nichts, es sei eben sein lebhaftes Temperament. Von diesem Augenblick an verloren Wera und ich die Angst vor ihm, wir betrachteten ihn als Menschen und konnten jederzeit mit ihm sprechen, und er hörte uns sogar an. Er war glücklich, daß er aus der Isolation, in die wir ihn durch unseren Haß hineingetrieben hatten, befreit worden war.

Seit diesem Erlebnis weiß ich, daß es des Menschen nicht würdig ist, vor einem anderen Menschen Angst zu haben. Meist, das habe ich als Arzt hinlänglich erfahren, sind die sogenannten Berserker feige Menschen, die durch grobes Benehmen und grobe Auftritte sich selbst Mut machen und sich an der Angst der andern laben. Die meisten Frauen oder Kinder haben Angst und glauben, daß, wenn sie dem Jähzornigen energisch entgegentreten würden, er sie schlagen oder mißhandeln würde. Das Gegenteil ist meist der Fall, man kann dessen gewiß sein: wenn man selbst die erforderliche Wut in sich angesammelt hat, bekommt der andere Angst und er kommt wieder zu sich. Sobald einer weiß, wo seine Grenzen sind, die er nicht überschreiten darf, lernt er es, sich zusammenzunehmen. Typisch ist, daß solche Menschen sich den genau ansehen, den sie angreifen; wenn er stärker ist als sie, kuschen sie.

Ich hatte in meinem Krankenhaus für Hirnverletzte einige solche Berserker, die glaubten, daß, weil sie Hirnverletzte seien, sie sich jede Unart erlauben könnten. Sie vergriffen sich immer an den Kleineren und Schwächeren. Bis dann einer kam, der stärker war als sie und sie ordentlich, zur Freude aller Insassen, verprügelte.

Wenn ich daran denke, wieviele solcher Berserker und Trinker es rund um die Welt gibt, die ihre Familien unglücklich machen, dann kann ich nach meiner heutigen Erfahrung nur sagen: durch die Angst und Feigheit ihrer Angehörigen leisten sie sich solche Aggressionen.

Am 22. Juli feiert die Kirche die Heilige Maria Magdalena, eine vielschichtige Person. Sie ist die Schwester der Maria und des auferstandenen Lazarus, des Lieblings Jesu; sie ist jene, die Jesu Füße mit kostbarsten Salben gesalbt und damit die Entrüstung des Jüngers Judas Ischariot erregt hat. Sie ist zugleich die große Sünderin, über die die Pharisäer sich ärgerten. Sie begleitete Jesus auf vielen seiner Wanderungen, hörte seine Predigten und war von Anfang bis Ende bei der Verurteilung, dem Kreuzestod, der Grablegung dabei; sie war die erste, die am Morgen des Ostertages zu seinem Grabe ging und ihm begegnete im Glauben, er sei ein Gärtner. Sie und Martha und seine Mutter waren die einzigen Frauen, mit denen Jesus Freundschaft pflegte. Unter diesen dreien ist sie eine große Sünderin, wahrscheinlich eine Hetäre oder eine Ehebrecherin. Was aber wirklich zählt, ist nicht der vorherige unlautere Lebenswandel und die fleischliche Lust, sondern die Metánoia, die Umkehr, die vollständige Bekehrung zu Christus.

Sie kann zu den großen Metanoikern der biblischen Geschichte gezählt werden: zu dem Hirtenkönig Abram, der in betrügerischer Weise aus Angst und Feigheit seine Frau dem Pharao als Buhle verdingte und später zum tapferen Streiter Gottes und Vater des Volkes Israel durch Isaak wurde; und zu dessen Sohn Jakob, der seinen Bruder Esau um sein Erstgeburtsrecht betrog, dann den sterbenden Vater betrog, indem er zum Segensempfang sich ein Fell umtat, weil sein Bruder Esau stark behaart war; schließlich betrog er seinen betrügerischen Schwiegervater, indem er bei Nacht dessen Haus mit seiner Familie verließ und die Götterbilder, das Heiligste, was es im Hause gab, mitnahm. Und dennoch war ihm Gott, als er in der Wüste gegen einen Stein gelehnt schlief, im Traum erschienen und hatte ihm eine Leiter zur anderen Welt gezeigt, auf der Engel auf- und niederstiegen. Und dann kämpfte Gott mit ihm eine ganze Nacht und konnte ihn nicht besiegen, bis er seine Hüfte verrenkte. Gott gab sich nicht zu erkennen. Aber Jakob ahnte es. Und er wurde der Vater des israelischen Volkes.

Da ist der große Held, der jugendliche David, der den Riesen Goliath mit einer Schleuder tötete und ein treuer Gefolgsmann des später wahnsinnig gewordenen Königs Saul war. Die Freundschaft- und Liebesgeschichte zwischen dem jungen David und dem Kronprinzen Jonathan, der seinen Freund vor den Nachstellungen seines Vaters errettete, ist eine der ergreifendsten Freundschafts- und Treue-Geschichten der Weltliteratur. Jonathan wurde ermordet, und das Volk wählte David zum König. Auf der Höhe seiner Macht verliebte dieser sich in die Ehefrau seines Offiziers; er schickte ihn in den Krieg, an eine Stelle, auf der er unweigerlich getötet werden mußte, und bemächtigte sich der Bethseba. Auch er hat diese Schuld gebüßt. Seine Psalmen sind die tröstlichsten und wunderbarsten Beweise eines unerschütterlichen Gottesglaubens. Für jede Situation der persönlichen oder kollektiven Not, der Gefahr, der Krankheit, der Gefangenschaft, der Depression und Verzweiflung findet sich in ihnen ein vertrauendes inbrünstiges und tröstliches Gebet.

Eine sekundenschnelle Metánoia erfuhr der Räuber oder Mörder, der zugleich mit Jesus ans Kreuz geschlagen wurde; in einer blitzartigen Eingebung begriff er, wer neben ihm hing, und Jesus, am Kreuz hängend, sprach zu ihm: »Wahrlich, ich sage dir: heute wirst du mit mir im Paradiese sein!« (Lukas 24).

Später, nach Jesu Opfertod, erleben wir die Metánoia des Saulus, der ein Provokateur war und Jagd auf die Christen machte, bis Christus ihm auf dem Wege nach Damaskus begegnete. Er wurde der eifrigste Kämpfer für die Lehre Christi, und ihm verdanken wir vor allem, daß das Christentum weit über die Grenzen des Judentums in die ganze Welt vordrang.

In der Folgezeit gab es zwei große Heilige, den Kirchenvater Augustinus und den Heiligen Franz von Assisi, die beide fröhliche, ausgelassene und keine Fleischeslust verachtende Jünglinge waren, und die dann durch die Begegnung mit Jesus zu den mutigsten Verfechtern seiner Lehre wurden.

Die Kirche geht sehr streng mit den Sündern um, und es gab Zeiten, da man außereheliche geschlechtliche Beziehungen mit Gefängnis, Schandpfahl, Abschneiden von Ohren oder Nasen, Einbrennen eines Schandstempels in die Haut bestrafte (»Der scharlachrote Buchstabe« von Nathaniel Hawthorne). Wie tröstlich ist es im Gegensatz dazu zu wissen, daß Jesus diesen Menschen vor den Pharisäern, den Schriftgelehrten und anderen Selbstgerechten verzieh. Er setzte sich dadurch ihrem Haß und ihrer Verfolgung aus.

Zu dem Pharisäer, der ihn zum Essen eingeladen und in dessen Haus Maria Magdalena ihm die Füße mit kostbarem Öl gesalbt hatte, sagte er, seine Gedanken erratend: »Ihr sind viele Sünden vergeben, denn sie hat viel geliebt; welchem aber wenig vergeben wird, der liebt wenig.« Und zu ihr sprach er: »Dein Glaube hat dir geholfen; gehe hin in Frieden!«

Ich frage mich oft: wenn Christus nicht in Israel geboren wäre und nicht aus dieser Kultur stammte, in der durch strenge Gesetze und Moralvorschriften der Eros und der Sexus tabuiert waren, wenn er im heiteren und lebenbejahenden Griechenland gelebt hätte, hätte dann das Christentum wohl die gleiche eros- und sexualfeindliche Haltung angenommen? Natürlich gab es in allen Ländern der Erde Priester und Priesterinnen, Schamanen, Jogis, Mönche und Mysten. Das waren Menschen und Gruppen, die sich auf den steilen Pfad zur Anderwelt begaben und die deshalb allen Besitz, alle Leiblichkeit, alle Begierden hinter sich ließen. Askese war ihr Weg. Wir finden sie bei den Mönchen der vorbuddhistischen Bön-Religion in Tibet, bei den Mysten der Eleusischen Mysterien und bei den ägyptischen Priestern, bei den Schamanen, bei den Essenern, aus deren Kreis Johannes der Täufer wahrscheinlich stammte und von deren Lehre offenbar auch Jesus beeinflußt war. Und selbstverständlich übernahmen die frühen christlichen Eremiten und Mönche die strenge Askese. Aber es waren immer nur wenige, die diesen Weg zu Gott einschlugen. Hätten sie ihn alle gewählt, so wäre diese Welt innerhalb zweier Generationen von Menschen entvölkert worden.

Das übrige Volk, die Laien, vollzogen den Weg zu Gott langsam, Schritt für Schritt, oder zwei Schritte vor und einen Schritt zurück, gelenkt von den Vorschriften ihrer Religion und deren Priestern. Aber auch sie hatten ihre religiösen Observanzen, den Gottesdienst, die Gewissensreinigung, die Beichte und periodisch wiederkehrende Zeiten der Askese, mit Fasten und Enthaltsamkeit.

Die Begegnung mit Gott ist durchaus nicht das Privileg des Asketen. Wieviele unkanonisierte Heilige gibt es im Volk, die bescheiden, demütig auf Gott zugehen, indem sie nichts anderes tun als ihren aufgetragenen Dienst zu versehen, ihren Familien, ihren Nachbarn zu helfen, die sich selbst in den Hintergrund stellen und in ihrer Liebe für die Menschen, Tiere und Pflanzen offen sind. Wenn Teilhard de Chardin meint, die Menschheit bewege sich äußerst langsam und in Vor- und Rücksprüngen, dennoch stetig auf dem Weg vom Tier zu Gott, zum Engel, dann meint er gar nicht die Eremiten und Asketen, er meint uns alle.

Als Arzt begegnet man ihnen täglich, den wirklichen stillen Heiligen. Und wenn man sie erlebt, wird man froh, weil sie das Licht sind, das durch die Finsternis strahlt, von der Jesus spricht. Ich erlebte eben den Tod eines Freundes, der ein fleißiger Mensch, ein guter Familienvater war. Er erkrankte an Krebs und litt mehrere Jahre daran. Er war immer ein gläubiger Mensch. Statt mit seinem Schicksal und seinem Leben zu hadern, nahm er es unpathetisch auf sich, und je schwerer seine Krankheit wurde, je mehr Schmerzen auf ihn zukamen, um so demütiger wurde er, bis er schließlich nur noch aus dem Strahlen bestand. Seine Frau und seine zwei Kinder standen ihm in wunderbarer Liebe und Hilfe bei.

Seine Frau schrieb mir unmittelbar nach seinem Tode: »Am 28. Januar schlug der Glocke Ton die erfüllte Stunde an. Heinz durfte vollbewußt heimgehen und hat uns durch sein Beispiel reich beschenkt. Er nahm trotz der Schmerzen keine Opiate, um nicht in Apathie zu versinken. Durch Lobpreisungen bekam er die Kraft, die letzten Schmerzenstage durchzustehen. Er nahm bis zuletzt Anteil an seiner Familie, aber löste sich trotzdem ganz von uns. Ich durfte ihm bis zum letzten Atemzug dienen und ihm Kraft durch Gebet und Anruf zum Lösen aus dem irdischen Körper geben. Es war eine solche Hochstimmung in unserer Familie, daß niemand weinte, sondern eine geistige Fröhlichkeit und Kraft uns durchströmte. Wir haben ihn selbst für sein letztes Bett angezogen, und ich sprach beim Hinaustragen die Worte: ›Gesegnet sei dein Ausgang aus unserem Hause‹.

Wenn ich das jetzt niederschreibe aus der Erinnerung, dann ist es mir selbst fast unbegreiflich. Dieses gewaltige Geschehen hat uns ganz aus dem Alltagsleben entrückt. Wir spüren, wie glücklich Heinz drüben ist, und sind dankbar für jede Stunde der letzten Krankenpflegewochen. Die Beisetzung setzte den großen Schlußstrich unter das letzte Erleben. Wir sind alle voller Dankbarkeit und auch meine Kinder in einem großen geistigen Aufbruch... Ich lebe zwar in unserem großen Haus allein, aber ich fühle mich nicht einsam. Bestimmt wird das Schicksal noch eine Aufgabe für mich haben...«

AUGUST · LUGNASAD

Am ersten August ging der keltische Gott Lug eine Ehe mit der Großen Mutter, der Erdgöttin ein: ein Fest der Fruchtbarkeit. Es ist der Monat des reifen Lichts, der Wärme, der Trockenheit. Die Erde sieht golden aus. Die wogenden reifen Kornfelder leuchten wie Dukatengold. Sie werden gemäht und das Getreide gedroschen. Die abgemähten Felder leuchten auch jetzt noch golden. Früher waren es die Witwen und Waisen, die das Recht hatten, die auf der Erde verbliebenen Ähren aufzusammeln, um halbsatt über den Winter zu kommen; heute befassen sich die Sozialämter und die Versorgungsanstalten mit ihnen. Was dabei herauskommt, ist oft nicht mehr als die mühsam zusammengetragenen Ähren. Jetzt laufen Stare, Möwen oder Krähen über die Felder und besorgen für sich das, was die Witwen früher für ihren Unterhalt taten.

An den Bäumen reifen die Äpfel, Birnen und Pflaumen. Sie wurden von den Gartenbesitzern, den Bauern mit Knechten und Kindern in fröhlicher Arbeit gepflückt, auf Pritschen ausgelegt oder zu Säften und Mußen verarbeitet. Es waren fröhliche Tage.

In meiner Heimat war es eine wahrhaft paradiesische Zeit für Klein und Groß. Schon das Pflücken, das Klettern auf die Bäume bereitete uns große Freude. Dann aber, an warmen trockenen Tagen, wurden kleine Öfchen in den Hof gestellt, und Jung und Alt beteiligte sich am Kochen von »warenje«: Das Obst wurde gereinigt und geschält. Auf den Öfchen standen riesige kupferne Pfannen mit einem langen Holzstiel. Darauf brodelte der Zucker. Das Obst wurde in die Pfannen getan und kochte langsam im Zucker ein, bis die Äpfel, Quitten oder Pflaumen ganz durchsichtig wurden und der Sirup dickflüssig war. Dieses Warenje aß man zu einfachen Kuchen und trank Tee dazu. Jeder Haushalt war stolz auf seine eigene Machart.

Wieweit liegen solche Sitten jetzt zurück! Das heißt, in Rußland und Finnland, in Bulgarien und Jugoslawien ist dieser Brauch noch nicht erloschen. Und wenn ich in Ranerding bin, mache ich meine warenje selbst und bin, nach fünfundsechzig Jahren, noch von der gleichen Freude erfüllt wie damals. Aber in unseren Landen gibt es nun nicht mehr genug Menschen, um das Obst zu pflücken; die Kinder sind anderweitig beschäftigt und haben kein Interesse daran. Müßte man dafür Stundenlohn bezahlen, so würde das Obst teurer als das teuerste Luxusobst. So läßt man es oft an den Bäumen hängen. Man kauft ausländische Obstsäfte und Marmeladen und hat längst vergessen, daß die hausgemachten Erzeugnisse viel besser schmecken. Man hat auch vergessen, daß in der Welt Millionen von Menschen hungern, und daß es in den Städten, mitten unter uns, einige Straßen weiter, Slums gibt, in denen Kinder nicht wissen, daß es Obst gibt. Es ist eine seltsame Welt, voller Widersprüche und voller Abgrenzungen, voll guter Vorsätze und voll Unmenschlichkeit.

Der erste August gedenkt zweier Ereignisse, eines aus der Apostelgeschichte und eines aus dem Alten Testament. Gefeiert wird die Befreiung des Apostels Petrus aus dem Gefängnis. Hier erleben wir die Einwirkung der Anderwelt auf den Menschen (Apostelgeschichte 12). »Um diese Zeit legte der König Herodes die Hände an etliche von der Gemeinde, sie zu peinigen. Er tötete aber Jakobus, den Bruder des Johannes, mit dem Schwert. Und da er sah, daß es den Juden gefiel, fuhr er fort und fing Petrus auch ... Da er ihn nun ergriff, legte er ihn ins Gefängnis und überantwortete ihn Rotten, je von vier Kriegsknechten, ihn zu bewahren, und gedachte ihn nach Ostern dem Volke vorzustellen. Und Petrus ward zwar im Gefängnis gehalten; aber die Gemeinde betete ohne Aufhören für ihn zu Gott. Und da ihn Herodes wollte vorstellen, in derselben Nacht, schlief Petrus zwischen zwei Kriegsknechten, gebunden mit zwei Ketten, und die Hüter vor der Tür hüteten das Gefängnis.

Und siehe, der Engel des Herrn kam daher, und ein Licht schien in dem Gemach; und er schlug Petrus an die Seite und weckte ihn und sprach: ›Stehe auf!‹ Und die Ketten fielen ihm von seinen Händen. Und der Engel sprach zu ihm: ›Gürte dich und tue deine Schuhe an!‹ Und er tat also. Und er sprach zu ihm: ›Wirf deinen Mantel um dich und folge mir nach!‹ Und er ging hinaus und folgte ihm und wußte nicht, daß ihm wahrhaftig solches geschehe durch den Engel; sondern es deuchte ihm, er sähe ein Gesicht. Sie gingen aber durch die erste und andere Hut und kamen zu der eisernen Tür, welche zur Stadt fuhrt; die tat sich ihnen von selbst auf. Und sie traten hinaus und gingen hin eine Gasse lang; und alsbald schied der Engel von ihm.

Und da Petrus zu sich selber kam, sprach er: ›Nun weiß ich wahrhaftig, daß der Herr seinen Engel gesandt hat und mich errettet aus der Hand des Herodes...‹«

Hier wie so oft im Alten und im Neuen Testament

treten die Mächte der Anderwelt auf, um den Menschen aus Not, Gefangenschaft und Tod zu befreien. Es ist eine kurze, aber eindringliche Beschreibung. Petrus weiß nicht, wie ihm geschieht, er ist wie außer sich und glaubt an einen Traum oder eine Vision. Wie großartig waren noch jene Zeit und jene Menschen, denen solche heilsamen Begegnungen zuteil wurden! Die geistige Blindheit des heutigen säkularisierten Menschen und die radikal abgebrochenen Antennen zur anderen Welt versperren ihm die Möglichkeit solcher Erfahrungen. Ich glaube nicht, daß wir es wagen dürfen, unsere Ahnen für dümmer zu halten, als wir es sind, und doch sind ihre Aussagen, ihre Malerei und Bildhauerei, ihre Dichtung und ihre Philosophie erfüllt von Wesen aus der anderen Welt. Es sind erlebte und geschaute Wirklichkeiten, und jene Wirklichkeiten waren ihnen näher und wesentlicher als die Gegenstände des täglichen Gebrauchs. Aus den Wirklichkeiten der Welt Gottes bezogen sie ihre lebendigen Impulse. Wie reich, wie heiter, fröhlich und gelassen waren sie in jener anderen Heimat, und wie arm sind wir geworden in unserem Unglauben, unserer Skepsis und unserem Materialismus!

Es gab und gibt im Christentum ein Heer von Menschen, die für ihren Glauben an Christus Verfolgung, Gefangenschaft und fürchterliche Folterungen und Tod erlitten haben. Ihre Zahl ist Legion, sie sind nicht auf die Zeit der Verfolgung durch die römischen Imperatoren bis zum vierten Jahrhundert beschränkt. Die katholische Kirche rottete die Katharer bis zum letzten Kind aus, in Rußland wurden die Altgläubigen verfolgt, eingekerkert und lebendig verbrannt. Das protestantische England verfolgte die katholischen Priester, und die französische Revolution löste die christliche Kirche auf; in der Säkularisation wurden im ganzen westlichen Europa die Klöster aufgelöst, die Mönche verjagt und die schönsten Kunstwerke der Menschheit vernichtet oder verschleudert. Und in unserer Zeit erlebten wir die Verfolgung der Kirche und Vernichtung der Priester durch die Bolschewisten, in der mexikanischen Revolution und im spanischen Bürgerkrieg. Die Türken vernichteten die christlichen Armenier. Die Kette der Verfolgungen reißt bis heute nicht ab, und immer wieder begegnen wir mutigen Bekennern, die Leid und Tod angstlos auf sich nehmen.

Am ersten August gedenken wir aber nicht nur der christlichen Märtyrer, sondern ihrer beherzten Vorläufer aus dem Stamm der Juden.

Im Buch der Makkabäer wird der heldenhafte Kampf der gläubigen Juden gegen den heidnischen König Antiochus Epiphanes beschrieben. Die ergreifendste Geschichte ist der Märtyrertod der sieben Brüder und ihrer Mutter. Sie wurden verhaftet und der König forderte sie auf, Schweinefleisch zu essen. Sie widersetzten sich. Darauf wurden sie mit Geißeln gezüchtigt. Dem ältesten Bruder, der sich widersetzte, ließ der König die Zunge ausreißen, dann nach skythischer Art die Haut vom Kopf abtrennen und alle Gliedmaßen abhacken; den Rest des noch lebenden Körpers ließ er in einer glühenden Pfanne braten. Die Brüder und die Mutter, die das Martyrium ansehen mußten, sprachen: »Gott der Herr schaut zu und wird uns in Wahrheit trösten...«

Alle sieben Brüder wurden nacheinander in gleicher Weise gefoltert, und die Mutter stand ihnen bei und redete ihnen Mut zu. Zuletzt wurde auch sie in gleicher

Weise getötet. Der vierte der Gefolterten rief aus: »Es ist trostvoll, durch Menschengewalt das Leben zu verlieren; denn es bleibt uns die von Gott geschenkte Hoffnung, daß wir von ihm die Auferstehung erlangen!«

Menschen von einer solchen klaren und inbrünstigen Geisteshaltung haben keine Angst, weder vor dem Leben noch vor dem Sterben noch gar vor solch teuflischen Wesen, wie es jener König Antiochus Epiphanes war.

Je mehr der Mensch an die Materie gebunden ist, desto mehr wird er der Sklave der Materie. Er hat es vergessen oder gar nicht erfahren, daß er Gast auf dieser Erde ist und daß alles, was er hat, was er sich unter Ausnützung der anderen Menschen zusammengestohlen, oder was er ehrlich erworben hat, daß alle diese Gaben ihm geliehen sind, daß er sie zwar behüten und pflegen soll, daß er sich aber nicht an sie klammern darf, und daß er nicht glauben soll, sie seien sein. Wie oft höre ich mit Entsetzen das Wort: »mein«. »Es ist mein Ding, es ist mein Mann, meine Frau, mein Kind«, als ob es Besitz des Menschen wäre. Und jeder, der unter diesem Fluch »mein« steht, erlebt, wie der Mann oder die Ehefrau, das Kind oder die Freunde danach trachten, fluchtartig dem Besitzer zu entwischen.

Wer besitzt, der hat auch Angst. Angst vor den Räubern, vor den Sozialisten und Kommunisten, vor den Gewerkschaften, vor der Inflation, vor den Kapitalisten, vor Streiks, vor den Bolschewisten, vor den Chinesen, vor dem Krieg. O, all die Ängste kann man gar nicht aufzählen; wenn die eine gerade gebannt ist, steht die andere bereits vor der Tür. Der alte Graf Ludwig

Spee, der deutscher Botschafter in einem südamerikanischen Staat war – er war der Bruder des berühmten heldenhaften Admirals, ein weiser Mann –, sagte mir einmal: »In diesem Leben kann man entweder gut essen, oder gut schlafen. Hat man viel Besitz und Geld, so kann man gut essen, aber nicht gut schlafen. Hat man wenig Geld, so kann man nicht sehr gut essen, aber man kann dafür gut schlafen.« Der Mensch, der in der Angst lebt, kann nicht gut schlafen. Leider kann er aber auch nicht gut essen, denn meist ist er magenleidend oder gallenkrank. Angst und Magengeschwüre gehen oft zusammen.

Viele Menschen kommen zum Arzt und möchten ihre Angst loswerden. Aber sie wollen nie etwas dafür bezahlen, sie wollen nur haben. Wenn man ihnen sagt: »Lösen Sie sich ab von den Besitzeslüsten, von Geiz und Gier, von Ihrem Geltungsdrang und Egoismus, geben Sie Ihren Besitz, Ihre Kinder, Ihr kleines elendes Ich frei!«, dann schauen sie einen an, als ob man verrückt wäre. Das geht nicht in sie hinein, das ist es ja gerade, was sie nicht wollen; sie wollen behalten und bewahren und möglicherweise sich noch mehr sichern.

Es gab jahrhundertelang im Adel aller Länder eine Einrichtung, die man »Majorat« oder »Fideikommiß« nannte. Der älteste Sohn erbte den ganzen Besitz, damit er nicht zuguterletzt in kleinste Teile zerteilt werde. Die anderen Kinder wurden mit wenig abgefunden, man gab ihnen eine gute Ausbildung, sie dienten dem Staat und der Gesellschaft als Offiziere, Diplomaten oder Gelehrte. Der Erbe aber wurde zum Verwalter des Besitzes; er war nicht berechtigt, den kleinsten Gegenstand oder ein Stück Land oder Wald zu veräußern. Nur auf diese Weise konnten uralte Kulturgüter erhalten bleiben, und die Verschwendungssucht wurde gedämpft.

In diesem Jahrhundert traf das Schicksal Millionen von Menschen, indem es ihnen alles nahm, ihren Besitz, ihre Heimat, ihre Eltern und ihre Kinder. In meiner Heimat fing es an. Die Haltung der meisten dieser unermeßlich reichen und verwöhnten Menschen, die alles verloren, sogar ihre Ehre und ihren Namen, die von verehrten Menschen über Nacht zu Blutsaugern und Parasiten deklariert wurden, war einmalig. Sie ähnelte der des biblischen Hiob. Das Leben blieb erhalten und man baute am Punkte Null wieder auf. Die anderen Völker folgten; nachher waren es die Juden und die Intellektuellen bei den Nazis, dann die Polen, und später wurden die Deutschen aus ihrer Ostheimat vertrieben. Es ist ein sehr deutliches Zeichen der Zeit an uns: wir treten in den Tierkreis des Wassermanns, ein revolutionäres, ein fließendes Zeichen. Alles fließt und alles fließt hinweg. Im fließenden Wasser taufte Johannes und später Christus und die Apostel die Gläubigen zum Zeichen, daß sie im fließenden Element, nackt am Leib, sich selbst und die materielle Welt zugunsten der anderen Welt aufgaben.

Meine Schwester Wera, mein Bruder Passenka und ich haben es von unserer Mutter gelernt: das Loslassen. Sie sagte uns: »Ich habe es durch alle die Verluste gelernt, alles loszulassen. Jede Nacht, wenn ich mein Gebet spreche und mein Gewissen befrage, lasse ich alles los, alles, was ich noch besitze, auch euch und schließlich mich selbst. Wenn ich in dieser Nacht abberufen werde in die andre Welt, bleibt kein Fetzen dieser Materie an mir kleben.« Wir drei haben es begriffen und wir leben es. Und wir leben ohne Angst.

Kennzeichnend für eine solche Haltung ist das Gespräch mit dem reichen Jüngling, der gerne Jesus nachgefolgt wäre. Aber der Aufforderung, alles loszulassen und dann ihm nachzufolgen, konnte er nicht gehorchen; der Besitz klebte an ihm. Wie wunderbar ist die darauffolgende Predigt von dem Kaufmann, der all seinen Besitz um einer einzigen kostbaren Perle willen verkaufte. Die Perle aber symbolisiert sein höheres Ich, sein Atman.

Der chinesische Weise Kung-fu-tse sagt: »Wer nur grobe Nahrung, Wasser zum Trinken und einen gebeugten Arm als Kissen braucht, wird das Glück finden, ohne weiter danach zu suchen. Jeder Gedanke, Reichtum und Stellung durch Mittel zu erlangen, von denen ich weiß, daß sie unrecht sind, ist so fern von mir wie die Wolken, die oben ziehen.«

Und Dschuang-tse sagt: »Der höchste Mensch gebrauchet sein Herz wie einen Spiegel. Er geht den Dingen nicht nach, er geht ihnen nicht entgegen, er spiegelt sie wider, er hält sie nicht fest. Bis aufs letzte nimmt er entgegen, was der Himmel spendet, und hat doch, als hätte er nichts.«

Am 6. August geschieht wieder eine Einstrahlung aus der Anderwelt. Es ist die Verklärung Jesu auf dem Berge Tabor. Im 17. Kapitel erzählt Matthäus: »Und nach sechs Tagen nahm Jesus zu sich Petrus und Jakobus und Johannes, seinen Bruder, und führte sie beiseits auf einen hohen Berg. Und er ward verklärt vor ihnen, und sein Angesicht leuchtete wie die Sonne, und seine Kleider wurden weiß wie ein Licht... Und siehe, da erschienen ihnen Mose und Elia, die redeten mit ihm. Petrus aber antwortete und sprach zu Jesu: ›Herr, hier ist gut sein. Willst du, so wollen wir hier drei

Hütten bauen, die eine Mose, dir eine und Elia eine.‹ Da er noch also redete, siehe, da überschattete sie eine lichte Wolke. Und siehe, eine Stimme aus der Wolke sprach: ›Dies ist mein lieber Sohn, an welchem ich Wohlgefallen habe: den sollt ihr hören!‹ Da das die Jünger hörten, fielen sie auf ihr Angesicht und erschraken sehr. Jesus aber trat zu ihnen, rührte sie an und sprach: ›Stehet auf und fürchtet euch nicht!‹ Da sie aber ihre Augen aufhoben, sahen sie niemanden als Jesum allein.«

Hier empfängt Jesus, der Christus, das Leuchten. Er begibt sich auf einen hohen Berg, um das Majestätische des Erleuchtetwerdens deutlicher zu demonstrieren. Ihm zur Seite erscheinen die beiden großen Propheten seines Volkes, Moses und Elia. Nun, dieses Leuchten begegnet uns in allen Religionen, und es ist ein Zeichen der höchsten Einweihung, der Gottessohnschaft. Es ist die höchste Form der Transparenz, zu der ein vergeistigter Mensch, ein vergeistigter Leib fähig ist. Alle Engel erscheinen umgeben von solcher Strahlung, und von den Boten Gottes, die nicht beflügelt auftreten, heißt es, ihre weißen Kleider leuchteten und es ging ein Licht von ihnen aus wie von Gottessöhnen. Für Menschen ist es nie ein Dauerzustand. Sie werden erleuchtet, aber dann erscheinen sie weiter in ihrer leiblichen Hülle.

Jesus selbst fordert die Gläubigen auf, zu leuchten. Dieses Leuchten, das aus der intensiven Reinheit und Klarheit der Seele und des Geistes erwächst, ist uns allen bekannt, sprechen wir doch von solchen Menschen, daß sie eine gute »Ausstrahlung haben«. Die Ikonographien aller Völker kennen dieses Leuchten. Alle Engel und Genien, Propheten und Heiligen sind rund um die Welt und zu allen Zeiten in Malerei und Plastik mit einem Heiligenschein um den Kopf oder einer Mandorla um den ganzen Körper abgebildet, die ein Symbol für das Leuchten sind.

Die Stigmatisation des Heiligen Franz von Assisi wird in den »Fioretti« (1322–1328) so beschrieben: »Bruder Leo trat leise in die Zelle ... Und wie Bruder Leo genau zuschaute, sah er ein wunderschönes Licht, gleich einer schimmernden Flamme, die den Augen wohltat, vom Himmel herniederschweben, um über dem Haupte des Heiligen stehen zu bleiben ...«

Porphyrius berichtet über den Gnostiker Plotin (205–270): »Das einzige Ziel seines Lebens war, sich zu Gott zu erheben und mit ihm eins zu werden. Während ich bei ihm war, hatte ich das Erlebnis viermal, und nicht nur als passives Vergehen im Licht, sondern als aktive Teilnahme an dem unaussprechlich heiligen Vorgang ...«

Die Mystikerin Hildegard von Bingen (geb. 1098) schreibt in »Sci Vias«: »Als ich vierzig Jahre und sieben Monate alt war, kam vom geöffneten Himmel feuriges Licht von höchstem Glanze, durchgoß mein ganzes Gehirn, entzündete mein ganzes Herz und meine ganze Brust wie mit einer Flamme, die jedoch nicht brannte, sondern nur erwärmte, so wie die Sonne einen Gegenstand erwärmt, auf den sie ihre Strahlen sendet.«

Der russische Gottsucher Hrihorij Skoworoda († 1794) beschreibt diesen Zustand: »Ein Strom von unaussprechlicher Süßigkeit erfüllte meine Seele, mein ganzes Inneres entbrannte wie im Feuer und es schien mir, als ob ein Feuerstrom in meinen Adern kreiste. Ich fing an, nicht zu gehen, sondern zu laufen, wie getragen von einem sonderbaren Entzücken, ohne meine Hände und Füße zu fühlen, als ob ich gänzlich aus Flammensubstanz gebildet wäre...«

Vom Heiligen Serafim von Sarow († 1833) berichtet sein Freund Motowilow: »... Da faßte mich der Vater Serafim fest an den Schultern und sagte eindringlich: ›Wir beide, Väterchen, sind jetzt im Heiligen Geiste! Warum siehst du mich nicht an?‹ Ich antwortete: ›Ich kann euch nicht anblicken, Vater, aus euren Augen leuchten Blitze, euer Gesicht ist heller als die Sonne geworden, und meine Augen brennen vor Schmerz!‹«

Der Yogi Paramhansa Yogananda erzählt: »Ich versenkte mich in das Bild des Yogi Lahiri Mahasaya. Plötzlich übergoß ein lebendiges Licht meinen Körper und erfüllte das ganze Zimmer...«

Bei den jüdischen Chassidim, über die Martin Buber in seinen »Chassidischen Geschichten« berichtet, wird dieses Erlebnis des Leuchtens oft erwähnt. Von Jaakob Jizchak von Lublin wird erzählt: »Vor dem Gebet saß der Rabbi jeden Sabbat allein in seiner Stube, und niemand durfte sie dann betreten. Einmal versteckte sich dort ein Chassid, um zu erspähen, was vorging. Erst sah er nichts weiter, als daß der Rabbi sich an den Tisch setzte und ein Buch aufschlug. Da aber schien in dem engen Raum ein ungeheures Licht auf, dessen Anblick den Chassid des Bewußtseins beraubte...«

»Rabbi Israel siechte von Jugend auf. Sein Leib war wie dürres Holz und so hager, daß die Ärzte sich verwunderten, wie er leben konnte... Ins Bethaus trug man ihn in einem Liegestuhl... Dann sprach er mit seiner gewohnten schwachen Stimme die ersten Worte des Gebets, aber mit jedem Wort wuchs die Stimme, bis sie die Herzen aller emporriß. Wenn nach dem Beten die Diener ihn im Liegestuhl heimtrugen, war er

STRAHLENDE MENSCHEN

blaß wie ein Sterbender, und seine Blässe leuchtete. Darum sagte man von ihm, sein Leib leuchte wie tausend Seelen.«

Hier die Vorstellung der Chassidim von dem Leuchten: »Rabbi Elimelech von Lisensk sprach: Ehe die Seele in die Luft dieser Welt tritt, führt man sie durch alle Welten. Zuletzt zeigt man ihr das Urlicht, das einst, als die Welt erschaffen wurde, alles erleuchtete und das Gott dann, als der Mensch verdarb, geborgen hat. Warum zeigt man der Seele dieses Licht? Damit sie von Stund an Verlangen trage, es zu erreichen, und sich ihm im irdischen Leben nähere. Und die es erreichen, die Zaddikim, in sie geht das Licht ein, aus ihnen hervor leuchtet es wieder in die Welt. Dazu ist es einst geborgen worden.«

Wenn man es recht besieht, ist es kein Licht, das man mit einem Photometer messen kann. Aber man erlebt und man spürt es. Es gibt Menschen, die dermaßen mit sich selbst angefüllt sind: wenn sie einen Raum betreten, ist der Raum plötzlich voll. Und es gibt strahlende Menschen: wo sie sind, dort ist es hell und warm und man fühlt sich auf wundersame Weise geborgen.

Wir hatten in unserer kleinen orthodoxen Kirche in Berlin-Tegel einen alten Priester, Vater Grigorii; er war krank und schwächlich und litt an hohem Blutdruck. Wenn er die Messe zelebrierte, hatte man das Gefühl, daß er selbst und der ganze Altarraum leuchteten. Er betete und sang nicht anders als die anderen Priester, aber es war etwas Überirdisches an ihm. Er war ganz einfach und immer freundlich. Einmal tat ich etwas, was ich nicht hätte tun sollen, ich fotografierte ihn während der Liturgie mit meiner Minox. Jurik, der heute Arzt ist und damals Mesnerknabe war,

blitzte mich böse an. Ich wurde mir meiner Taktlosigkeit bewußt und schämte mich. Am Ende der Liturgie, als ich das vorgehaltene Kreuz und die Hand des Priesters küßte, sagte Vater Grigorii leise lächelnd: »Sie werden mir doch einen Abzug des Bildes schenken?« Ich wußte, er tat es, um die Beschämung von mir zu nehmen. – Unsere russische Liturgie ist sehr lang und anstrengend, sie dauert zwei bis drei Stunden, und man steht die ganze Zeit in der Kirche. Ich fragte Vater Grigorii, wie er das mit seiner schwachen Gesundheit durchhalte. Er faßte mich an der Hand und sagte lächelnd: »Wenn ich vor dem Altar des Herrn stehe, dann gibt es keine Krankheit und keinen hohen Blutdruck, dann stehe ich wie ein Soldat vor ihm und es ist gleich, ob ich in den Tod gehe oder aufgespart werde.«
Für den in der Materie verfangenen Menschen sind solche Dinge nichts als Märchen, als Hirngespinste, weil er kein Organ mehr besitzt, sie zu erleben.

In den auslaufenden Tagen des August, am 28., gedenkt die Kirche eines großen Weisen und Kirchenvaters, des Heiligen Augustinus. Er wurde 354 zu Tagaste in Numidien geboren. Er war ein Jüngling aus reichem Hause und genoß alle Annehmlichkeiten des Lebens seiner Zeit. Wir können ihn uns als einen snobistischen jungen Mann vorstellen, der kein Vergnügen und keine Sinneslust ausließ und das Leben auf diese Weise genoß. Später gesellte er sich zu den Manichäern. Erst durch eine Predigt des Heiligen Ambrosius zu Mailand wurde er zum Christentum bekehrt. Er nahm 287 die Taufe, wurde in der Folgezeit Priester und Bischof von Hippo. Seine geisterfüllten Predigten und Schriften führten dazu, daß viele Menschen sich zur Lehre Christi bekehrten. Er gilt als »Lehrer der Gnade«. In Pavia werden seine Reliquien verehrt.

Seine bildreiche Sprache, seine Ehrlichkeit gegenüber sich selbst, seine Hingabe an Gott begeistern heute noch, nach fünfzehnhundert Jahren, den Leser: »Wenn ich erst mit meinem ganzen Wesen dir anhange, Herr, dann wird nirgends Schmerz mehr sein und Mühe, und mein Leben, ganz voll von dir, wird erst lebendiges Leben sein. Wen du erfüllst, den richtest du auf; ich aber, weil ich deiner noch nicht voll bin, ich bin mir selber jetzt zur Last. Es streiten noch meine jämmerlichen Freuden mit freuenswerten Kümmernissen, und wo der Sieg sein wird, weiß ich nicht. Ach, erbarm dich meiner, Herr! Ach! Sieh, meine Wunden verhehle ich nicht: Arzt bist du, ich bin krank: du bist erbarmungsvoll, ich bin erbärmlich...«

»Die vielgestaltige Güte Gottes kommt nicht nur zum Menschen, den er nach seinem Ebenbilde schuf, sondern neigt sich auch zu dem Tiere, das er dem Menschen unterworfen hat. Von ihm, von dem das Heil den Menschen, kommt auch den Tieren das Heil. Nicht nur Himmel und Erde, nicht Engel nur und Menschen, sondern auch die kleinsten Lebewesen mit ihrem inneren Bau, auch die feinste Feder des Vogels, auch die Blume, die Blätter der Bäume: alles hat er nicht ohne feine Anordnung der Teile und eine Art Befriedigung gelassen. Um wieviel mehr sind die Reiche der Menschen, die Verhältnisse des Dienens und Herrschens eingeschlossen in die Gesetze seiner Vorsehung! Schäme dich nicht, so von deinem Herrn, deinem Gott, zu denken; wage es vielmehr, so zu denken! Glaube und hüte dich, anders zu denken! Der dich heil macht, der macht auch heil dein Pferd und dein Schaf, bis zum Kleinsten hinab. Oder würde es der unter seiner Würde halten, Heil zu schenken, dessen Würde es erlaubte, Schöpfer zu sein?«

SEPTEMBER · MICHAEL

Dieser Monat, der das Ende des Sommers und den Beginn des Herbstes anzeigt, hat die klarste Luft; sie ist ganz durchsichtig und gibt Weiten frei, die man sonst nur ahnt. Wenn ich morgens von meinem alten Haus in Ranerding den Weg hochsteige – er ist nur zweihundert Meter lang –, dann stoße ich auf einen Querweg, der Oberbayern von Niederbayern trennt. Nun stehe ich, bis auf einen Meter, auf der Höhe von fünfhundert Metern. In meinem Rücken ist ein Tannenwald. Ich blicke auf die wenigen Häuser von Ranerding und auf das geliebte Haus, das mich beherbergt. Und weiter auf zahlreiche Hügel, die im Auf und Ab einander ablösen, bis zu den Ufern des Inn. Danach verschwimmt die Landschaft. Dann ist der Horizont, eine lange Linie, die die Erde vom Himmel scheidet. Jeden Tag sehen diese Erde und dieser Himmel anders aus, heiter, wenn sie von der Sonne überstrahlt sind, düster im Gewitter, und verschleiert, fast unwirklich, wenn Nebel über die Hügel kriechen.

Und dann gibt es Tage – die gibt es nur bei starkem Föhn oder an manchen Septembertagen: Da steht man oben und schaut, und es öffnet sich einem eine Märchenlandschaft, klar gezeichnet, eine fortlaufende Kette von Bergen. Die erste Phalange grün bis blau, wohin das Auge reicht, dahinter aber die Loferer Steinberge, des Tote Meer, der Wilde Kaiser, die Tiroler Schneeberge: der Großvenediger, der Großglockner. Man spürt, wie der Schnee glitzert und strahlt. Man wagt nicht zu atmen, man glaubt an eine Fata Morgana; aber sie sind noch alle da. Es befällt einen ein ekstatisches Entzükken, eine Ehrfurcht. Man wird innerlich ganz still und ist nur noch Auge, und der biblische Vers kommt einem in den Sinn: »Ich hebe meine Augen auf zu den Bergen, von denen mir Heil kommt.«

Die bayrischen Berge sind achtzig und die Tiroler sind bis zu zweihundert Kilometer von dem Punkt, auf dem ich stehe, entfernt. Die Septemberluft gibt den Blick frei. Wenn ich Besuchern erzähle, daß es Tage gibt, an denen man die Alpen sieht, hören sie mir höflich zu. Sie wissen, wie fern diese sind, und es ist fraglich, ob sie es mir glauben. Zumindest können sie es sich nicht vorstellen. Manchen, die prosaisch sind, und das sind viele heute, entringt sich nicht einmal ein befreiendes »Ah!« Sie nehmen es ohne jede Gefühlsregung zur Kenntnis.

Auch gibt es Sonnenuntergänge von einer unbeschreiblichen Schönheit und Dramatik: Der weite Himmel ist flammend rot und wechselt zu sattem Gold und zu zartestem Grün oder Blau. Und die diamantenen Spitzen der Schneeberge nehmen diese Farbe an. Dann denke ich an die Sehnsucht der christlichen und der jüdischen Menschheit nach dem himmlischen Jerusalem, der Stadt jenseits des Horizonts, der Stadt in der Anderwelt, der goldenen Stadt, die das Paradies repräsentiert. Wenn man diesen Anblick hat, weiß man, daß es Minuten der Begnadung sind und daß man etwas Überirdisches erlebt, eine Verheißung. Und doch ist es keine Phantasie, es ist wirklich da. Ein Jakob Böhme oder ein William Blake würde darüber hinaus noch Engel sehen, die durch den Himmel fliegen.

sehen:

Für mich sind diese Septembererlebnisse auf der Höhe von Ranerding voll Verheißung und voller Trost. Der normale Blick geht bis zu den Ufern des Inns. Und niemand, der die Erweiterung der Landschaft nicht erlebt hat, kann sich vorstellen, was sich dahinter noch verbirgt. Es ist den Augen verhangen, und doch ist es da, existent und wirklich.

Ist es nicht so, daß wir mit unseren geistig blinden Augen auch die anderen Wirklichkeiten nicht sehen, Gott und die Engel und auch die Dämonen, die wir darum für nicht existent halten? Es gibt Sehen und Sehen. Der blinde Jacques Lusseyrand sagt, daß er erst sehend geworden sei, als er blind wurde. Obwohl wir vor einer objektiven Welt stehen, sieht jeder Mensch diese Welt anders, ja sogar die technischen Photokameras geben aus den Händen derer, die sie benutzen, ganz unterschiedliche Landschaften her.

Von einem Schüler des Sufimystikers Butorab Nakhashabi wird erzählt, er sei von glühendem Herzenseifer besessen gewesen. Butorab empfahl ihm, den Sifumeister Bayezid aufzusuchen. Der Jünger erwiderte: »O Herr! Wer täglich den Gott von Bayezid sieht, braucht nicht den Bayezid selbst zu sehen!« Da sagte Butorab: »Wenn du Gott siehst, siehst du ihn nur mit dem Grad des eigenen Sehvermögens. Wenn du Gott aber durch Bayezid siehst, wirst du ihn mit dem Sehvermögen Bayezids sehen können. Es gibt Sehen und Sehen!«

Der große Philosoph der Renaissance, der Kanzler Francis Bacon, sagt 1612: »Ein wenig Philosophie macht den Geist des Menschen zum Atheismus geneigt, aber tieferes Eindringen in die Philosophie bringt den Geist des Menschen zur Religion zurück.«

Am 29. September ist das Fest des Erzengels Michael, des Fürsten unter den Engeln, des Kämpfers gegen den abgefallenen Engel Lucifer; des Beschützers des Volkes Israel und des Schutzengels von Deutschland. Sein Name bedeutet: Wer ist wie Gott?! Er wird auch als der Engel der Toten angesehen, er ist es, der die Toten in die Anderwelt schützend begleitet und der mit dem Satan um die Seelen der Verstorbenen kämpft. Er wird mit dem Schwert und der Waage dargestellt. Die Waage stammt noch aus dem ägyptischen Totenkult, auf ihr wägt Horus den Gehalt der Neuangekommenen hinsichtlich Gut und Böse. Während der Teufel alles daran setzt, den Verstorbenen für seine Hölle zu gewinnen, häuft Michael sorgsam jede gute Tat und Gesinnung auf die Waagschale, um dem Teufel das Opfer zu entreißen. Es gibt naive Darstellungen davon: Die Seele ganz klein und elend dargestellt. Mächtig vor seiner Waagschale Michael, und der Teufel, der heimtückisch den Pferdefuß auf die Waagschale seiner Seite setzt, um ihr größeres Gewicht zu verleihen.

Uns Christen sind vier oder sieben Erzengel bekannt, die vor dem Thron Gottes stehen und seine Ratgeber sind (unter persischem Einfluß wurden es sieben). In der Bibel und im Evangelium wird außer Raphael und Michael nur noch genannt: Gabriel, der »der Chef des Protokolls« ist, er vertreibt Adam und Eva aus dem Paradies und er verkündet Maria die Geburt Jesu. Die ersten vier sind Michael, Raphael, Gabriel, Phanuel. In späteren Zeiten sind es: Uriel, Raphael, Raguel, Michael, Saraquael, Gabriel und Ramiel. In der Offenbarung Johanni sind sie die sieben Engel, die den Thron Gottes umgeben.

Michael ist der gewaltige Gegenspieler des Lucifer, des Diabolus, des Durcheinanderwerfers; er ist das Symbol des Zusammenfügens. Diese beiden konträren Kräfte sind aneinandergefügt; denn es gibt weder das absolut Gute noch das absolut Böse, beide sind relativ und spielen sich letzten Endes die Bälle zu. Das ist in dem Spiel der Waage symbolisiert: Der Teufel tut seinen Fuß auf die Schale, um den Menschen auf seine Seite herüberzuziehen; der Erzengel sucht nach allen guten Taten und Gedanken, um seine Schale zu beschweren.

Es sind keine Scheinkämpfe, die sich zwischen den lichten und den dunklen Mächten in der Anderwelt und herüberstrahlend in der Hierwelt abspielen, es geht um Evolution oder um Vernichtung. Einmal hat das Eine, einmal das Andere das Übergewicht. Und die kreatürlichen Geschöpfe, vor allem die Menschen, die zwischen diesen Kräften eingespannt sind, spüren es durch ihr ganzes Sein hindurch: im Klima, in Naturkatastrophen, in Unfällen, in Stimmungen, in Krankheiten und Versehrtheiten, in ihren gegenseitigen Beziehungen, in ihren ökonomischen Verhältnissen, in der Politik und in den Wirren der politischen Umwälzungen. Jeder ist betroffen und Marionette in den Händen von Wesen aus der Anderwelt, und doch hat jeder seinen Bezirk des freien Willens, indem er in manchen Situationen sich so oder anders entscheiden kann. Er kann sich auf die Seite Michaels oder auf die Seite Lucifers stellen. Oder vielmehr, da ihn kein Kontrakt mehr bindet (der Pakt mit dem Teufel, der mit eigenem Blut unterschrieben wird, ist aus der Mode gekommen), steht er mal da und mal dort. Da, wo er liebend und gütig, verzeihend, dienend und demütig ist, steht er auf der Seite des Engels; ist er, was womöglich noch häufiger vorkommt, ungut, mißtrauisch, jähzornig, aggressiv, hassend, klatschsüchtig, ungläubig oder kleingläubig, dann begibt er sich freiwillig auf die Seite der dunklen Mächte. Fast haben diese für ihn eine größere Faszination, weil sie den Weg des geringsten Widerstandes bilden. Der Pfad, das Tao, von dem Laodse, Buddha und Christus sprechen, ist ein selbstgewählter, harter, steiler mit Dornengestrüpp bestandener Weg, der aber dennoch licht und freudig ist und zu einer Begegnung mit Gott führt. Der andere Weg führt zu endlosen Begierden, die nie eine Erfüllung bringen und immer neue Begierden erzeugen. Damit wird die Hölle als der Ort des ewigen, qualvollen Hungers und Durstes bezeichnet. Der Gierige braucht immer mehr Geld und Güter, weil alles, was er besitzt, ihm nicht genug ist, der Machthungrige giert nach immer mehr Macht, und der Eitle hat nie genug mit der Selbstbestätigung. Das ist bereits der Zustand der Hölle.

Man kann sich, trotz der Drohung der Kirchen mit den Qualen der Hölle, fragen, ob das denn wirklich stimmt, ob nicht sehr viele Menschen sich hier in dieser Welt bereits eine ausgewachsene private Hölle geschaffen haben. Wenn ich als Arzt in unzählige Verhältnisse von gestörten Einzelmenschen, Familien und Betrieben hineinschaue, dann denke ich, daß auch eine Hölle in der Anderwelt nicht vollkommener sein kann. Angst und Zähneknirschen sollen dort herrschen, und sie herrschen schon hier. Angstlos wird nur der, welcher sich auf die Seite des Erzengels Michaels schlägt, und nur er selbst kann sich entscheiden.

OKTOBER · EINSTIMMUNG AUF DEN HERBST

Nach dem alten Kalender ist es der achte Monat, und obwohl er weiter der »Achte« heißt, ist er bei uns der zehnte. Zu Weihnachten erblühen die kahlen Barbarazweige, zu Ostern sind es die jungen Birken, und zu Pfingsten, im Maienmonat, stehen zu Ehren der Himmelskönigin viele Frühlingsblumen auf dem Altar. Im Oktober danken wir für die Ernte, wir danken, ob sie reich oder mager ausgefallen ist; vielleicht danken wir noch inbrünstiger, wenn sie spärlich war, denn dann wird uns bewußt, wie sehr wir davon abhängen, ob unser Tisch reichlich oder dürftig gedeckt ist. Auf dem Altar liegen Kränze aus reifen Ähren und zahlreichen Früchten, ein wunderbarer Anblick; er erinnert uns an die drei Ähren, die die alten Meister auf den Goldgrund der Ikonen malten, um das Wort Christi zu veranschaulichen: »Ich bin das Brot des Lebens.« Aber diese drei Ähren sind noch viel älter. In den Eleusinischen Mysterien in Griechenland werden in der heiligen Handlung drei Ähren auf den Altar gelegt als Sinnbild des ewigen Lebens. Das Korn, das, in die Erde versenkt, von Regen begossen und von der Sonne beschienen, zuerst vergeht, um dann den Keim durch die Erde in die Luft des Himmels zu treiben und später aus einem Korn viele Körner in der reifen Ähre zu erzeugen: es ist Gleichnis eines Mysteriums, das durch alle Zeiten und alle Religionen geht.

Am 2. Oktober gedenkt die Kirche besonderer Wesen aus der Anderwelt: der Schutzengel. Schutzengel sind die Genien, die jedem Menschen zugeordnet sind als unsichtbare Begleiter. Die Vorstellung, daß den Menschen gütige Wesen zugeordnet sind, geht durch die ganze Welt. Es ist tröstlich, sich vorzustellen, daß der Mensch von Gott so viel Wertschätzung erfährt, daß er ihm diese Begleitung gewährt. Wir sind es gewöhnt, das Wort Angelos als Engel zu interpretieren. Eigentlich bedeutet es Bote, einen, der im Auftrag eines anderen handelt. Im alten Wörterbuch von Benseler und Rost wird es anders interpretiert: als ein Wesen, »das zwischen zweien steht«, also ein Mittlerwesen. Ein Wesen aus der Anderwelt, das zwischen Gott und Mensch steht. Die katholische und die orthodoxe Kirche kennen manche Gebete zum Schutzengel. In der Orthodoxie heißt es: »Heiliger Schutzengel, mein Behüter, bitte Gott für mich. Immer wachender Beschützer meiner Seele und Bewahrer meines Leibes und Vermittler zu Gott, ich lobpreise dich, Engel Gottes, des Allerhalters. In der dunklen Nacht behütest du mich, und in der Finsternis meiner Sünden und Begierden. Erleuchte mich mit deinem Licht, du Lehrer und Vorbild und Beschützer!«

In der säkularisierten Welt, in der Selbstüberheblichkeit des heutigen Menschen ist das Bild des Schutzengels verblaßt. Was man nicht sieht und nicht betasten kann, erachtet man als nicht existent. Der sich selbst überhebende Mensch steht allein, ohne Hilfen und Stützen, und er steht darum oft in der Angst, weil er sich in dem Auf-sich-selbst-Gestelltsein schutzlos weiß. Man könnte verächtlich sagen: Ist es nicht eine noch größere Selbstüberheblichkeit, zu glauben, daß man so wichtig sei, daß jeder von all den Milliarden Menschen einen Schutzengel habe?

Der säkularisierte Mensch beschneidet sich selbst ganz wesentlich in seinem Sein und seiner Beziehung zur Welt. Er weiß, daß er Gedanken hat und über ein Gedächtnis verfügt, und er weiß, daß er vermittels der Gedanken mit anderen Menschen, mündlich oder schriftlich, kommunizieren kann. Er weiß auch, daß alle großen Erfindungen, alle Dichtung und Philosophie durch Gedanken erzeugt werden. Aber als Materialist ist er unfähig zu glauben, daß diese Gedanken, wie etwa die Wellen des Radios oder des Fernsehens, in den Äther gesandt werden und etwas zu bewirken vermögen. Dazu reicht seine eingeschränkte Phantasie nicht mehr aus.

Der in der Verbindung mit der Anderwelt stehende Mensch weiß, daß seine Gedanken mächtige Kräfte sind, die um so mächtiger sind, je intensiver er sich auf die Gedanken zu konzentrieren vermag. Inzwischen wissen wir es aus der jungen Wissenschaft der Parapsychologie, was Gedanken bewirken können. Die Alten wußten es immer. Sie wußten, daß gute Wünsche Segen bringen und daß die Macht des Segens bei vielen Gelegenheiten des Lebens, bei Krankheiten, bei Reisen, bei Taufen, Verlobungen und Heirat, vor dem Examen und in jeder schwierigen Lebenssituation, eine effektive Hilfe bedeutet. Ebenso weiß man, wie verhängnisvoll gehässige, ungute Gedanken sind, die einem Unglück bringen, oder das Böse Auge, das Malocchio, vor dem die primitiven Menschen aller Länder Angst haben.

Die größte geistige Kraft der jenseitsbezogenen Menschen ist das Beten. Im Alten Testament bedeutet »beten«: »zwischen zweien stehen«, also ein Bogen, eine Brücke von der Person zu Gott, zum Engel, zum Heiligen oder zum Anderen. Es wird etwas Konkretes aufgebaut, das zwei Pole verbindet. Die Orthodoxie, der Katholizismus und die evangelische Kirche kennen viele spezielle Gebete, die in wunderbaren vorgeformten Bildern und Worten für fast jede Gelegenheit des Lebens geeignet sind.

Martin Buber berichtet über den Baalschemtow: »Einst war der Baalschem genötigt, den Sabbat auf freiem Felde einzuweihen. Es weidete aber unfern eine Schafherde. Als er den Segen sprach, der die nahende Braut Sabbat begrüßt, erhoben sich die Schafe auf ihre Hinterfüße und blieben so, dem Meister zugewandt, bis er das Gebet vollendet hatte. Denn solange es die Andacht des Baalschem vernahm, war jedes Geschöpf in seiner Urhaltung, wie es am Throne Gottes steht.«

Das Beten für unsere Bedürfnisse, für unsere Freunde, und noch mehr für unsere Feinde, erzeugt eine große Kraft, die als Schwingung weitergeht, zum Schutzengel, zu Gott, zu jenem, für den wir bitten; sie kehrt zu uns zurück, sie macht uns ruhig, gelassen und zuversichtlich, und wir fühlen, wie sie uns wie eine wärmende lichte Wolke umhüllt.

Viele Menschen heute, die der religiösen Übungen ungeübt sind, aber doch meinen gläubig zu sein, haben sich des Betens entwöhnt. Sie sagen, sie wüßten nicht, wie sie beten sollten. Mit Worten? Die Worte erscheinen ihnen abgegriffen und verbraucht. Sie begreifen nicht, daß es gar nicht die Worte sind, die verbraucht sind, es ist ihre zugemauerte Seele, die keine Zeichen und keine Worte mehr finden kann. Man bedarf keiner Worte zum Beten, aber man bedarf wohl der Verbindung; denn irgendwo am anderen Ende von sich selbst muß man das Gebet schon anbinden. Und das andere Ende ist die größte Macht dieser Welt, ist Gott, unter welcher Gestalt und unter welchem Namen man ihn auch suchen mag. Wenn man weiß, daß Gebet »zwischen zweien stehen« bedeutet, dann begreift man, daß man sich auf dieser Brücke von sich zu Gott zu bewegen hat. Und wenn man weiß, daß man sein Gebet am anderen Ende angebunden hat, wenn man sich bewußt ist, daß der Andere in der Anderwelt alles um unsere Anliegen weiß, dann bedarf es keiner langen Worte und gelernter Sätze. Wir waren alle einmal Kinder und hatten Kummer und weinten. Waren es die Worte, die wir aussprachen? Das Schönste und Tröstlichste war doch, wenn unsere Njanja oder Mutter, oder die Großmutter uns auf ihren Schoß nahm und wir unsere Wange an ihre Wange legen konnten. Dann kam die Entspannung und Erlösung über uns. Und ist das Gebet etwas anderes als das? Die Menschen sind dabei, ihre Zärtlichkeit zu verlieren, sie werden verhärtet und einsam. Wüßten sie, wieviel Wärme, Gelassenheit und Entspannung die Zärtlichkeit verleiht, sie würden vielleicht zu ihr zurückkehren.

Am 4. Oktober gedenken wir eines der größten und liebenswertesten Heiligen des Abendlandes, des Heiligen Franz von Assisi († 1226). Ich liebe das Land Italien mit allen Fasern meiner Seele, seine Landschaft, seine Architektur, seine großen Meister und die Fröhlichkeit seiner Bewohner. Aber ich liebe den Heiligen Franz noch viel mehr. Einmal machte ich eine Pilgerfahrt, ich suchte mir alle Orte zusammen, die der Heilige durchwandert hatte, und besuchte sie. Ich betete in den Kirchen und konnte meine Augen nicht von dem Kruzifix in Santa Clara abwenden, von dem der Heiland zum Heiligen Franz gesprochen hatte. Ich kniete vor seinem fadenscheinigen Gewand und weilte in der Kapelle der Kirche, dem Ort, an dem er gestorben ist. Ich saß an Straßenrändern und in verträumten Innenhöfen und sprach über ihn mit den Menschen. Wie wunderbar, daß er trotz der Spanne von 750 Jahren noch allenthalben lebendig war! Ich hatte das Erlebnis, daß sogar die Luft, in der er gelebt hatte, noch leuchtete.

Dieser junge Mann, der Sohn eines reichen Tuchhändlers, verwöhnt und prunksüchtig, lebensfroh und zu allen Streichen aufgelegt, wurde, wie Saulus-Paulus und wie Augustinus, von einer Sekunde auf die andere erleuchtet. Christus begegnete ihm, als er mit einer Schar von Jugendlichen von einem Gelage heimkehrte. Er sah den Heiland, er blieb eine Weile zurück, und als die Genossen ihn erblickten, war er völlig verwandelt. Radikal änderte er sein Leben und wurde ein armer Wanderprediger. Da sein Vater mit dieser Wandlung nicht einverstanden war, warf er jenem auf öffentlichem Platz seine kostbaren Kleider vor die Füße und bekleidete sich mit einem Sack. Er nahm das Leben der Jünger Christi auf sich, er lebte bis zu seinem letzten Atemzug ohne jeden Besitz und ernährte sich von dem, was ihm Menschen reichten. Als ihm und seinen Brüdern mitleidige und wohlmeinende Bürger Geld geben wollten, lehnten sie es ab. Bruder Bernhard antwortete: »Ja, wir sind arm; aber im Gegensatz zu den anderen drückt uns die Armut nicht; denn durch die Gnade Gottes, dessen Rat wir befolgt haben, sind wir mit Freuden Arme geworden.«

Heiterkeit und Fröhlichkeit war das erste Gebot für

seine Brüder: »Bewahrt der Knecht Gottes die innere und äußere Heiterkeit des Gemütes, jene Fröhlichkeit, die aus der Reinheit des Herzens und der Kraft des Gebetes stammt, so vermögen die bösen Geister ihm nichts anzuhaben; dann werden diese bekennen müssen: Weil dieser Knecht Gottes in bösen und guten Tagen so von Herzen fröhlich ist, vermögen wir keinen Zugang zu ihm zu finden und können ihm nicht mehr schaden!«

Viele Heilige der Christenheit waren Freunde der Tiere und lebten mit wilden Tieren gemeinsam, der Heilige Gerasimos mit dem Löwen, der Heilige Sergius von Radonesch mit dem Wolf und der Heilige Serafim von Sarow mit dem Bären. Aber der Heilige Franziskus liebte alle Tiere mit inbrünstiger Liebe. Einmal hörten die Brüder ihn sagen: »Wenn ich einmal mit dem Kaiser spreche, will ich ihn bitten, er möge durch ein besonderes Gesetz die Menschen dazu anhalten, an Weihnachten außerhalb der Städte und Dörfer Getreide auf den Weg zu streuen, damit die Vögel und besonders die Schwestern Lerchen an einem so hohen Festtage etwas zu essen haben, so sollte es geschehen aus Ehrfurcht vor dem Gottessohn.«

Das ganze Sein bezieht der heilige Franziskus in seine Freude ein: »Wenn am Morgen die Sonne aufgeht, sollte jeder Gott loben, der sie zu unserem Nutzen erschaffen. Ihr danken wir es, daß unsere Augen den lichten Tag zu schauen vermögen. Auch sollte am Abend, wenn es dunkel wird, ein jeder Gott loben für Bruder Feuer, denn ihm verdanken wir, daß uns die Nacht erhellt wird. Wie Blinde sind wir, aber der Herr erhellt unsere Augen durch diese beiden Geschwister des Lichts...«

Die Kirche hat diesem größten, reinsten und fröhlichsten Heiligen des Christentums den Titel »der zweite Christus« verliehen. Seine Predigt, sein Beispiel und die Wirkung auf seine Zeit waren so gewaltig, daß Menschen ihr Gut verließen und ihm nachfolgten. Es war eine Zeit des Reichtums und der Prasserei unter den Reichen und unter den Kirchenfürsten, auch die Klöster waren reich und befolgten nicht das Gebot der Armut. Dieses radikale Gesetz der Besitzlosigkeit ist im Christentum außer durch Christus nur durch den Heiligen Franz verkündet worden. Noch etwas hat er in die Welt gebracht, die wahre uneingeschränkte Freude. Es gibt viele Asketen, die moralisch und sauertöpfisch waren; in späterer Zeit findet sich diese Eigenschaft bei dem Eiferer Savonarola und bei den protestantischen Puritanern, die letztlich ein angstvolles und freudloses Christentum predigten und darum den Namen des Evangeliums, der Frohen Botschaft, Lügen straften.

Der Herbst zieht ein, noch sind die Tage klar und warm, aber der Abend wird länger, man zieht sich in die Gemütlichkeit seiner Wohnung zurück. Wenn man mit dem Flugzeug über die Erde fliegt, sieht sie anders aus als im Frühling, sie ist jetzt wieder stellenweise braun oder da, wo die Stoppeln noch auf den Feldern stehen, golden, und golden werden die Wipfel der Bäume und Sträucher, gelb ist die Farbe der herbstlichen Sonnenblumen, der Topinambur, der Astern und Chrysanthemen. Es ist die Farbe des Reichtums und der Reife.

Am 24. Oktober tritt nochmals ein Helfer und Heiler aus der Anderwelt in unser Leben. Es ist der geheimnisvolle und liebenswerte Erzengel Raphael. Sein Name bedeutet »Gott hat geheilt«. Er ist der Führer und Beschützer der Seelen der Verstorbenen, er ist der engelhafte Arzt und Heiler, er ist der Begleiter der Reisenden.

Im Buch Tobias wird in märchenhafter Weise von ihm erzählt. Da gab es einen frommen Juden im Exil und in Bedrängnis. Still und unauffällig betreute er die armen Juden, begrub sie und half, wo er konnte. Da fiel ihm einst Schwalbendreck in die Augen, und er wurde blind. Er wurde auch arm. Da besann er sich, daß er einst einem Vetter viel Geld geliehen hatte, und er entschloß sich, seinen jungen Sohn, einen Knaben, Tobias, in das ferne Land zu senden, um den Vetter zu besuchen. Es war eine gefährliche Reise. Da stand vor der Tür ein junger Mann, offenbar ein Handwerker, und bot sich an, den Knaben zu begleiten, weil er den gleichen Weg hatte. So zogen sie zusammen und mit ihnen ein Hündchen, das einzige Hündchen, das in der Bibel freundlich erwähnt wird. Sie wandern zusammen, sie essen gemeinsam, sie erjagen sich Wild und sie fangen einen großen Fisch, aus dessen Leber, Galle und anderen Innereien der Begleiter eine Medizin für den blinden Vater anfertigt. Sie gelangen zum Vetter, bekommen das Geld, unterwegs freit der Knabe und bringt das Mädchen mit heim. Als die Eltern sich bei dem Weggenossen bedanken und ihn bitten, bei ihnen zu bleiben, erklärt er, daß er der Erzengel Raphael sei, und entflieht gen Himmel. Es ist die einzige biblische Geschichte, in der ein Bewohner der Anderwelt in menschlicher Substanz wochenlang mit einem Menschen zusammenlebt, mit ihm alle Anstrengungen und Freuden teilt. Ein schönes Bild! In meiner Heimat wird er angerufen, um Kranke zu heilen und um einen auf der Reise zu begleiten. Das Geheimnis ist: für den, der nicht glaubt, ist es nur ein Märchen, eine Legende, obwohl wir nach und nach erfahren, daß die meisten Legenden und viele Volksmärchen einen realen Hintergrund haben. Für den, der glaubt, ist die Existenz des Erzengels eine Wirklichkeit, und er bittet ihn, denn er weiß, daß er mit seinem Beistand rechnen kann. Welch ein Sicherheitsfaktor ist in solchem Glauben lebendig!

Natürlich kann jeder, gleich an welcher Stelle er im Leben steht, glauben, daß er auf sich selbst gestellt und der alleinige Initiator seines Handelns sei. Wenn einer etwas klüger ist als jener, weiß er zumindest, daß all seine Handlungen, seine Entscheidungen, sein Denken begrenzt sind durch die Handlungen anderer, und daß der Bezirk der freien individuellen Entscheidung ein nur sehr geringer ist. Hinzu kommt noch etwas Irrationales, das die Dummen sehr klug den Zufall nennen, weil ihnen etwas aus der Region der Anderwelt, sei es als karmische Fügung, sei es als Auftrag, als Warnung oder als Prüfung »zu-fällt«. Die aber, die sich über den Wetterbericht hinaus mit kosmischen Geschehnissen beschäftigen, um die Existenz der Anderwelt, Gottes, der Engel, Dämonen und Heiligen zu erfahren, die nehmen jene Wirklichkeiten in ihr Leben, Denken und Handeln hinein. Diese übriggebliebenen und nie auszurottenden menschlichen Trochodonten und Dinosaurier leben im Gegensatz zu den dunklen »Aufgeklärten« freudiger, behüteter und fröhlicher und mit der geringsten Lebensangst behaftet. Jene aber, die den Glauben von sich geworfen haben, sind als Entgelt mit der Angst beschenkt worden. Ich kann das als praktizierender Nervenarzt beurteilen. Die Patienten, die im Glauben stehen, haben es leichter: auch sie werden von Depressionen, Neurosen und auch von Angst befallen, aber sie haben einen hilfreichen Hintergrund, seien es

Gott, Christus, oder die Engel und Heiligen, oder auch nur das Gebet ihrer Angehörigen und Freunde. Die anderen, die nicht oder nicht mehr glauben, sind auf sich allein gestellt; sie versagen sich die Einmischung der anderen Welt.

Aus meiner Heimat, aber auch aus der katholischen und evangelischen Welt kenne ich es: daß man sich am Morgen und bei Beginn der Arbeit, vor dem Essen und dem Schlaf den himmlischen Mächten anempfiehlt. Es ist eine bunte, reiche und eine fröhliche Welt. Ich bekenne es ohne Scham, daß ich drüben viele Freunde habe. Der Heilige Arzt Pantaleimon und der Erzengel Raphael werden zur Mitarbeit von mir angerufen, und Raphael begleitet mich auf Reisen und Wegen. Der Heilige Antonius besorgt das Verlorene, der Heilige Spiridion ist für Beschaffung von Geld in der Not und für die Armen zuständig, und den Heiligen Franz bitte ich täglich, wenn ich schon nicht in Armut leben kann wie er, wenigstens doch um die Heiterkeit und Fröhlichkeit der Seele. »Bittet, so wird euch gegeben«, sagt Christus, und es wird wirklich gegeben!

Gewiß, wenn man schon nicht den Erzengel Raphael zum Reisebegleiter haben kann, müßte man wenigstens einen guten Freund haben. Aber wo sind solche Freunde, wo gibt es sie? Es gibt kaum noch Freunde, denn Freund sein ist eine der größten Auszeichnungen des Menschen. Wie muß ein Freund beschaffen sein? Er muß geduldig und treu, rücksichtsvoll und verständig, taktvoll, hilfsbereit, offen und ehrlich und vor allem liebend sein. Wenn man selbst diese Eigenschaften nicht hat, so kann man keinen Freund haben, denn es ist keine einseitige Angelegenheit. Hat man einen Freund, dann hat man auch den Erzengel Raphael, denn er ist das Urbild aller Freunde. Hat man wirklich einen Freund, dann ist man geborgen, dann kann man auch seine Kümmernisse und seine Angst mit ihm teilen. Aber das erste, was man tun muß, um eines Freundes würdig zu werden, ist, daß man selbst Freund wird.

Möge uns Raphael in die dunkle Zeit des Novembers und in die helle Zeit des Advents begleiten ...

ABSCHIED VOM LESER

Lieber Freund und Leser! (Freund, wer die Geduld hat, dieses Buch, das kein bloßes Buch ist, bis zum Ende zu lesen; ein Feind legt es bereits nach zehn Seiten aus der Hand.)

Dieses Buch gleicht eigentlich einem Wandteppich. Ich habe früher viele Teppiche gewirkt; da sitzt man und arbeitet mit der Nadel, und die Gedanken laufen frei umher. In den Stunden nach der ärztlichen Sprechstunde habe ich in dieses Buch meine Gedanken und Erfahrungen hineingewirkt. Es fing bei dem wunderbaren Gedanken des Meisters Yün Men aus dem Chan-Kloster in China im zehnten Jahrhundert an −, daß »Tag um Tag ein guter Tag« sei.

Es gab früher alte Kalendergeschichten − sie sind schon lange aus der Mode −, die fielen mir ein, und ich beschloß, die großen christlichen Feiertage, die Gedenktage für große Menschen, die Belustigungen der Menschen seit Jahrhunderten und die Geschehnisse aus der heidnischen Mythologie, welche vielfach die Grundlage für unser heutiges Leben abgibt, zu beschreiben, um zu zeigen, wie jeder Monat, jeder Tag sein eigenes Gepräge hat und wieviel Erhabenes und Schönes in ihm verpackt ist.

Gewiß, das Leben auf dem Lande in früherer Zeit war reicher und lebendiger als das Leben in den Wohnungen der Wolkenkratzer. Die Industrialisierung und die Vermassung haben die Phantasie im Menschen abgestumpft und ihn ärmer gemacht. Aber sie lebt weiter in ihm, und er kann sie in sich erwecken, wenn er anfängt zu träumen. Allerdings ist es heute leichter, seine vorgefertigten Träume aus der Zauberkiste der Television zu beziehen.

Manche werden lesen, was hier geschrieben steht, und sich fragen: wo sind denn da die guten Tage, und wo ist der Kampf gegen die Angst? Man wird keine Rezepte finden. Aber es gibt auch Menschen, die mit den Augen des Herzens zu lesen vermögen, und die werden es begreifen.

»Adieu«, sagte der Fuchs, »hier ist mein Geheimnis. Es ist ganz einfach: man sieht nur mit dem Herzen gut. Das Wesentliche ist für die Augen unsichtbar« (Antoine de Saint-Exupéry, Der kleine Prinz).

Inhaltsverzeichnis

Zur Einführung 5

Die Gezeiten 10

  November · Der Umkreis des Todes . . . 10

  Dezember · Das Licht leuchtet in der Finsternis 16

  Januar · Beginn des Jahres 32

  Februar · Jubel, Trubel, Heiterkeit . . . 50

  März · Er ist wahrhaftig auferstanden . . 67

  April 85

  Mai · Das Fest der Himmelskönigin . . . 94

  Juni · Er muß wachsen, ich aber muß abnehmen 111

  Juli · Beginn der Ernte 128

  August · Lugnasad 141

  September · Michael 157

  Oktober · Einstimmung auf den Herbst . . 163

LEBENDIGE SACHEN 100
WAHRNEHMUNGEN ATROPHIERT 101
(KARLIRI) 102
MODERNE versus ARCHAISCHE MENSCH 104
(BAUERNHAUS IN RANERDING 106)
FLIEGENDE OBJEKTEN 106-7
GEDANKEN BUMERANG 110
ROMANISCHE KIRCHEN 113 (kelten)
STEIN 116
UNTERDRÜCKTE EHEMÄNNER 11
DREIFALTIGKEIT 120-i
JOHANNES AUGUSTINUS 121-2
NYANJA 122
EINSAMKEIT 128
EREMITEN - LAIEN 138
TOD 139-40
PETRUS - + ANDERE WELT 142 nb + 143,4
PERLE - HÖHERES ICH - ATMAN 149
LEUCHTEN - MANDORLA - HEILIGENSCHEIN 150,1
STRAHLENDE MENSCHEN 153 LICHT
MATERIELLE MENSCHEN 154
RANERDING - OBERBAYERN - summe niederbayern 157
BACON - PHILOSOPHIE vs. RELIGION 159
7 ERZENGEL 160 HÖLLE! 161-2, 170 (RAFAEL)
schutzengel 164 + GEBET, 166
GEDANKEN - GUTE - SCHLECHTE 165
BETEN 165, 172, 173
FRANCISCUS 167
FREUND 173!
   METANOITE - DENKT UM 121

Weitere Bücher von Wladimir Lindenberg

Die Menschheit betet. Praktiken der Meditation
7. Auflage. 234 S. m. 10 Tafeln. Leinen DM 19,50

»Man weiß nicht, was man höher qualifizieren soll, Lindenbergs souveräne Kenntnis oder seine Fähigkeit, dem Leser diese geheimnisvollen geistigen Welten, diese Wege zur Verinnerlichung, zur Konzentration und zur Gottesverbundenheit zu erschließen.«
Neues Winterthurer Tagblatt

Gottes Boten unter uns
4. Auflage. 171 S. m. 3 Tafeln. Leinen DM 19,50

»Mit der großartigen Erzählergabe, die uns von den klassischen Epikern Rußlands so bekannt ist, bringt der Autor dem Leser Geschehnisse nahe, in denen der bedrohte Mensch Zeichen erhält.«
Evangelischer Digest

Mysterium der Begegnung
6. Auflage. 256 S. m. 5 Tafeln. Leinen DM 19,50

»Nur in der verantwortungsvollen Begegnung des Menschen mit sich und seiner ganzen Umwelt erfährt er das Dasein als Glück und als Auftrag.« *Der Psychologe*

Schicksalsgefährte sein
Aufzeichnungen eines Seelenarztes
5. Auflage. 281 Seiten. Leinen DM 19,50

»Lindenberg berichtet in diesem fesselnd geschriebenen Buch über außergewöhnliche Erlebnisse und Begegnungen in seiner Praxis als Arzt und Psychotherapeut.« *Neue Welt, Wien*

Marionetten in Gottes Hand. Eine Kindheit im alten Rußland
6. Auflage. 246 Seiten mit 1 Tafel. Leinen DM 19,–

Bobik im Feuerofen. Eine Jugend in der russischen Revolution
4. Auflage. 311 Seiten mit 1 Tafel. Leinen DM 21,–

Bobik in der Fremde. Ein junger Russe in der Emigration
2. Auflage. 349 Seiten mit 3 Tafeln. Leinen DM 23,–

Bobik begegnet der Welt. Reiseerlebnisse
3. Auflage. 323 Seiten mit 2 Tafeln. Leinen DM 23,–

Wolodja. Porträt eines jungen Arztes
348 Seiten. Leinen DM 24,–

ERNST REINHARDT VERLAG MÜNCHEN BASEL

Weitere Bücher von Wladimir Lindenberg

Geheimnisvolle Kräfte um uns
Kurzgeschichten von schicksalhaften Begegnungen
2. Auflage. 190 Seiten. Geschenkband DM 14,50

»Aus der großen Fülle seines Lebens zeigt Lindenberg Zeichen und Symbole einer höheren Macht. Das bewußte ›Ja-sagen‹ zu diesen irrationalen Begegnungen macht uns reicher.« *Kultur u. Leben*

Jenseits der Fünfzig. Reife und Erfüllung
6. Auflage. 226 Seiten. Geschenkband DM 14,50

»Aus der Sicht seines eigenen fortschreitenden Alters und mit Hilfe seiner reichen Erfahrung als Arzt und seelsorgerlicher Psychotherapeut wendet er sich an jeden einzelnen von uns; er weist uns den Weg zur Selbstbesinnung, zur Versöhnung und Toleranz.« *Senior*

Über die Schwelle
Gedanken über die letzten Dinge
2. Auflage. 201 Seiten. Geschenkband DM 14,50

Lindenberg befaßt sich mit den herrschenden Lehren der großen Religionen und den verschiedenerlei philosophischen Auffassungen.

Briefe an eine Krankenschwester
3. Auflage. 139 Seiten. Geschenkband DM 9,50

»Wir möchten diese Schrift ›ein Schatzkästlein für die Schwester‹ nennen.« *Das Schwestern-Blatt*

Gespräche am Krankenbett
6. Auflage. 134 Seiten mit 1 Titelbild. Geschenkband DM 9,50

»Das Buch erscheint uns wertvoll für jeden Patienten, aber auch für Ärzte und Laien ist es eine kleine Kostbarkeit.« *Das Krankenhaus*

Sprechplatte. Langspielplatte mit 4 Erzählungen
33 U/min. DM 24,–. Best.-Nr. 3 497 00718 8

»Schurum Burum« aus »Marionetten in Gottes Hand«,
»Frossjas Geheimnis« aus »Bobik im Feuerofen«,
»Verona« und »Die Chassiden« aus »Bobik begegnet der Welt«

ERNST REINHARDT VERLAG MÜNCHEN BASEL